ESTHER FREUDENBERG

STASI, DAS SCHULEKEL

concepcion SEIDEL OHG

Bibliografische Information der Deutschen Nationalbibliothek
Die Deutsche Nationalbibliothek verzeichnet diese Publikation in der Deutschen Nationalbibliografie; detaillierte bibliografische Daten sind im Internet über dnb.de abrufbar.

Freudenberg, Esther
Stasi, das Schulekel

Covergestaltung: Vernike Lovell
Zeichnungen: Klara Kraft
Bildnachweis: © shutterstock: 295331723
Bibelzitate aus LU 75 und NLB

Best.-Nr.: 644.241
ISBN 978-3-86716-241-8

Inhaltsverzeichnis

„Ich gebe euch Zukunft und Hoffnung.
Wenn ihr mich von ganzem Herzen suchen werdet,
so will ich mich von euch finden lassen,
spricht der HERR.“

Jeremia 29,11 und 13

Schulstart mit Hindernissen

Tarek stand auf einer Klippe, unter sich das blaue Meer, auf dem die Sonnenstrahlen tanzten. Die glitzernde Tiefe war wie ein Lockruf.
Er warf einen Blick über die Schulter. Er sah seinen Vater heraneilen, das Gesicht verärgert. Tarek machte einen Schritt zurück. Nie würde er absichtlich seinen Vater kränken.
Da tauchte neben ihm ein Mädchen auf. Sie drückte sich das Wasser aus den langen Haaren und tausend Tropfen funkelten auf ihrem lachenden Gesicht.
„Mia? Was machst du hier?“, fragte er überrascht. Dabei hörte er sein eigenes Herz klopfen.
„Warum springst du nicht? Das Meer ist herrlich!“, strahlte sie.
Tarek öffnete den Mund, um zu antworten, da erklang hinter ihm der Ruf seines Vaters ...

„Tarek?“
Tarek spürte, wie jemand seine Bettdecke zurückschlug. Schlagartig war er wach. Sein Vater stand neben seinem Bett. „Steh auf! Die Ferien sind zu Ende! Dein Zeugnis liegt auf dem Tisch. Vergiss nicht, es vorzuzeigen.“
Trotz des strengen Tons hörte Tarek den Stolz in der Stimme seines Vaters und sein Herz wurde warm. Einmal mehr hatte er sich dessen Anerkennung verdient.
Wortlos hatte Omar Meisenbusch den Leistungsnachweis seines Sohnes am letzten Tag vor den Sommerferien entgegengenommen und genickt. So, wie er immer auf die Noten seines Sprösslings reagierte. Tarek hoffte jedes Mal auf ein Wort der Anerkennung, aber bisher war nie eins gekommen. Doch diesmal wusste er auch so, dass sein Vater stolz auf ihn war.
„Mach ich“, versprach er und stand auf. Das neue Schuljahr hatte soeben gut begonnen.

Omar Meisenbusch lobte nicht. Nie. „Es ist eines Mannes Ehre, gute Arbeit zu leisten. Das ist selbstverständlich. Wer nichts leistet, bekommt nichts.“ So lebte der stämmige Mann selbst und das gleiche erwartete er von seinem Sohn.
Leider war es nur einer.
Manchmal fragte Tarek sich, wie sein Leben wohl verliefe, wenn er ein Mädchen wäre. Sein Vater war Deutscher in zweiter Generation, aber das änderte nichts an dessen Wurzeln. Immer wieder mal ließ er zum Beispiel durchblicken, was er von Familien hielt, die nur Mädchen hatten, oder in denen die Frauen in der Überzahl waren.
„Mama ist doch auch eine Frau“, hatte Tarek einmal gewagt einzuwenden.
„Ja, eine Frau, die einen *Sohn* geboren hat“, hatte Omar Meisenbusch mit einem bedeutungsschweren Blick gesagt.
„Da habe ich wohl mächtig Glück gehabt“, hatte seine Frau spöttisch gemeint, und einen Moment hatte Tarek befürchtet, dass seine Eltern sich streiten würden.
Doch sein Vater hatte „Hast du tatsächlich“ gegrinst, und damit hatte sich die Sache gehabt.
Dass es mit Tareks Mutter funktionierte, lag daran, dass sie sich darauf geeinigt hatten, die Ansichten des anderen nicht zu kritisieren. (Oder, dass sie sich so selten begegneten.) So stand der Koran im Wohnzimmerschrank neben der Traubibel. Omar hatte auf Wunsch seiner Frau ihren Nachnamen angenommen, und sie hatte auf Wunsch ihres Mannes eingewilligt, den gemeinsamen Sohn Tarek zu nennen.
In der Küche hatte Tareks Mutter Frühstück gemacht. Aber es blieb keine Zeit, lange mit ihr am Tisch zu sitzen. Vera Meisenbusch teilte die Arbeitseinstellung ihres Mannes, wenn auch aus einem anderen Grund: Ein gewisser Lebensstandard erforderte nun mal ganzen Einsatz für Menschen, die ihr Geld nicht im Schlaf verdienten. Urlaub auf Bali, Tonga oder einer anderen Südseeinsel bekam man nicht geschenkt.
Die schlanke Frau mit den dichten, hellbraunen Haaren stand auf. „Viel Spaß in der Schule“, lächelte sie. Sie nahm einen Zehn-Eu-

ro-Schein aus ihrem Portemonnaie. „Ich hoffe, die kochen dir was Gutes in der Kantine."
„Danke. Das hoffe ich auch", grinste Tarek.
Seine Mutter drückte einen Kuss auf seinen Kopf. „Mach's gut."
„Tschüss, Mama." Tarek sah ihr nach, wie sie die Küche verließ. Er spürte noch die Stelle auf seinen Haaren, die sie geküsst hatte, und lächelte. Auch wenn er es vor seinen Klassenkameraden nie zugeben würde, liebte er seine Mutter sehr. In der Schule lachte er über Deine-Mudda-Witze, aber das war nur gespielt. Im Grunde fand er sie überhaupt nicht lustig, und allein die Vorstellung, dass seiner Mutter etwas passierte, war unerträglich.
Er aß zu Ende, räumte seine Sachen vom Tisch in die Spülmaschine und machte sich fertig für die Schule. Im letzten Moment fiel ihm sein Zeugnis ein. Zufrieden besah er sich noch einmal seine Noten. Die einzige Zwei hatte er in Religion und die störte seinen Vater nicht. „Du hast ein moslemisches Erbe und solange es keinen islamischen Religionsunterricht gibt, musst du keine Eins auf dem Zeugnis haben."
„Und warum gehen wir dann nicht in die Moschee?", hatte Tarek gefragt.
Sein Vater, der sonst nie um eine Antwort verlegen war, hatte einige Augenblicke geschwiegen. Dann hatte er mit einem merkwürdigen Gesichtsausdruck gesagt: „Um ein guter Moslem zu sein, muss man wesentlich mehr tun, als ab und zu in die Moschee zu gehen. Und selbst dann reicht es nicht. Also kann man es auch gleich lassen."
Tarek hatte nicht verstanden, was er meinte mit „Und selbst dann reicht es nicht." Wozu reichte was nicht? Aber er hatte nicht nachgefragt. Der Blick in den dunklen Augen seines Vaters war anders gewesen als sonst, und er hatte kein Unwetter heraufbeschwören wollen. Also hatte er geschwiegen.
Tarek steckte sein Zeugnis in seine Schultasche und lief zum Bus. Heute würde er Mia nach sechs Wochen Sommerferien wiedersehen. Manchmal träumte er nachts von ihr. So wie heute. Es war immer der gleiche Traum: Er stand an einer Klippe, unsicher, ob er den Sprung wagen konnte. Jedes Mal, wenn er kurz davor war, es ihr gleichzutun, kam etwas dazwischen.

Nicht, dass da irgendwas zwischen ihnen gelaufen wäre. Sie redeten so gut wie nie mit einander in den Pausen. Aber die Aussicht, im gleichen Klassenraum wie sie zu sitzen, gab ihm morgens was noch an Antrieb fehlte, um sein Bett vollends zu verlassen.
Natürlich wusste das keiner. Noch nicht mal seine Mutter.
Louis, einer seiner Kumpels, hatte sich kurz vor den Sommerferien mit einer aus der Parallelklasse befreundet. Sie waren tatsächlich händchenhaltend über den Schulhof geschlendert.
Wie peinlich!, hatte Tarek gedacht und weggeguckt.
Drei Wochen später war der Spuk schon wieder vorbei gewesen.
„Ich hab Schluss gemacht“, hatte Louis ihm mit einem Achselzucken erzählt.
„Warum wart ihr überhaupt zusammen?“, hatte Tarek verständnislos gefragt.
„Ich fand sie süß. Aber jetzt nicht mehr“, war die gleichmütige Antwort gewesen.
Tobias, der danebengestanden hatte, hatte mit einem listigen Funkeln in den Augen gesagt: „Stasi ist noch zu haben.“
„Du sagst es“, hatte Louis ebenso zurückgeschossen und im nächsten Moment gerufen: „Stasi, komm mal rüber, Tobias will dir was sagen!“
Das „Schulekel“ hatte kurz zu ihnen herübergeschaut, ansonsten aber nicht reagiert. Bis mittags. Da hatte Tobias nach Sport eine zermatschte Banane in seinem Schuh gefunden. Ein abgerissenes Stück Collegeblock mit den Worten „süße Grüße“ hatte daneben gesteckt.
Der eindeutige Verdacht war auf Stasi gefallen, schließlich hatte sie, wie meistens, die halbe Sportstunde gefehlt.
Herr Heinrich hatte sie zur Rede gestellt.
„Wieso ich? Sie kaufen doch jede Woche zwei Kilo Bananen!“, hatte Stasi kühl zurückgegeben. „Weil Ihre Schnuckelbiene so gern Bananen-Smoothies trinkt.“
Tarek hatte keine Ahnung, woher Stasi das hatte, aber Herrn Friedrichs Reaktion nach zu urteilen, stimmte es.
Und so war die zermatschte Banane ungeahndet geblieben.
Wie die allermeisten anderen Schandtaten des „Schulekels“ ebenfalls. Sie wusste Dinge über die Lehrer, die sie eigentlich

nicht wissen konnte. Aber sie wusste sie trotzdem. Manche waren uninteressant, manche aber auch nicht. Und sobald sie sich in die Enge getrieben fühlte, schoss sie einen Pfeil aus ihrem Informationsköcher.
Deshalb mieden alle das „Schulekel“, in der Hoffnung, einfach nur in Ruhe gelassen zu werden. Und jedes Jahr munkelte man hinter vorgehaltener Hand, dass Stasi die Schule wechseln würde. Doch jedes Mal nach den Sommerferien war sie wieder da.
Tarek hätte es schon gereicht, wenn sie wenigstens sitzen geblieben wäre. Er war sich sicher, dass sie genug Fehltage hatte, wenn man alle Stunden, die sie (angeblich) auf der Toilette verbrachte, und alle Montage, an denen sie „krank“ war, zusammenrechnete. Aber sie war bisher immer versetzt worden.
Tarek stieg in den Bus und sah sich nach einem freien Platz um. Da flog Geld an ihm vorbei, und im nächsten Augenblick wurde er von hinten geschubst. Das kam so unerwartet, dass er fast gefallen wäre.
„Du hast mein Geld auf den Boden geschmissen!“, kreischte eine Mädchenstimme.
Auch ohne dass Tarek sich umdrehte, wusste er Bescheid. Anastasia Werner würde ihnen ein weiteres Schuljahr erhalten bleiben.
Bisher war er von ihren Angriffen zum Glück verschont geblieben. Was vielleicht vor allem damit zusammenhing, dass er sehr darauf geachtet hatte, Abstand von ihr zu halten. Das war im Bus nicht immer einfach gewesen und hatte teilweise sogar erfordert, dass er den nächsten genommen hatte. Aber Apfelsaft im Schulranzen oder Kaugummi in den Haaren hatte er einfach nicht riskieren wollen.
Er seufzte und ging nach hinten, um einen Sitzplatz zu finden. Doch weit kam er nicht, denn er wurde an der Schulter gepackt.
„Heb sofort mein Geld auf, Zigeuner!“, befahl Stasi.
Tarek wirbelte herum. „Ich bin kein Zigeuner!“, stieß er hervor. „Heb dein Geld selbst auf!“
„Du hast es mir weggenommen!“, zeterte das Mädchen. Sie drückte Tarek zur Seite, dass er fast einem anderen Schüler auf den Schoß fiel und bückte sich nach den Münzen. In dem Mo-

ment fuhr der Bus an. Um sein Gleichgewicht nicht zu verlieren, machte Tarek einen Ausfallschritt und landete auf Stasis Hand.
„Aah!“, kreischte sie. „Du bist auf meine Hand getreten!“
„Was ist da hinten los?“, kam die ärgerliche Stimme des Busfahrers durch das Mikrofon.
„Der Zigeuner wollte mein Geld klauen und ist mir auf die Hand getreten!“, heulte Stasi. Sie ließ ihre unfrisierten Haare in ihr Gesicht fallen.
„Benimm dich, Junge! Sonst läufst du!“, knurrte der Busfahrer.
„Das war nicht Tareks Schuld!“, protestierten ein paar. Aber der Busfahrer ging nicht darauf ein. Er war neu und ein heulendes Mädchen war ihm anscheinend Beweis genug für die Sachlage.
In Tarek kochte es. „Ekel!“, zischte er und setzte sich hin. Er verschränkte die Arme vor der Brust und presste die Lippen zusammen. Anscheinend war der Tag gekommen, an dem das „Schulekel“ *ihn* aufs Korn genommen hatte.
Ich hätte nicht in den gleichen Bus steigen sollen wie sie! Er überlegte ernsthaft, an der nächsten Haltestelle auszusteigen und einen anderen zu nehmen.
Dass das eine gute Entscheidung gewesen wäre, stellte er in der ersten Schulstunde fest, als er seinen Rucksack öffnete, um sein Zeugnis herauszunehmen und der Lehrerin das unterschriebene Dokument zu zeigen.
Es war vollkommen durchgeweicht, ebenso wie alles andere, das aus Papier oder Pappe war. Und augenscheinlich war die Flüssigkeit Kakao.
Stasi! Tarek stieß die Luft durch die Nase aus. Sie war nicht zum Unterricht erschienen. *Warum fährt sie dann zur Schule, wenn sie sowieso schwänzt?*
„Tarek, dein Zeugnis fehlt mir noch. Haben deine Eltern es unterschrieben?“, kam die Stimme seiner Lehrerin.
„Ja. Aber da hat jemand Kakao drüber gekippt.“ Er nahm das Blatt mit spitzen Fingern, um es nach vorne zum Pult zu bringen.
„Jemand?“, fragte Frau Liebknecht mit hochgezogenen Augenbrauen.
„Ja. Heute Morgen im Bus.“

Die Lehrerin schüttelte den Kopf. „Das Zeugnis ist ja völlig ruiniert! Wie ist das denn passiert?"
„Jemand hat auf der Fahrt zur Schule Kakao in meinen Ranzen gekippt."
Seine Mitschüler grinsten oder kicherten. Wer eine Vorstellung davon hatte, was Kakao im Ranzen bedeutete, guckte mitleidig, so wie Mia es gerade tat.
„Das ist ja entsetzlich! Weißt du, wer es war?", fragte die Lehrerin.
Tarek schüttelte den Kopf. Sein Vater hatte ihm beigebracht, niemals jemanden zu beschuldigen, wenn er nicht mit eigenen Augen die Tat gesehen hatte. Also sagte er: „Nicht sicher. Ich habe aber einen starken Verdacht."
Er hörte, wie jemand halblaut sagte: „Das kann doch nur Stasi gewesen sein!"
„Ach du liebe Zeit!", murmelte Frau Liebknecht bestürzt. Wobei Tarek sich fragte, ob sie entsetzt war über die Tat oder die Tatsache, dass diese Schülerin offenbar ein weiteres Schuljahr hier ihr Unwesen treiben würde.
Die Lehrerin stellte keine weiteren Fragen. „Ich sorge dafür, dass du ein neues Zeugnis ausgestellt bekommst. Hat sonst noch etwas Kakao abgekriegt?"
„Alles!", gab Tarek frustriert zurück.
Frau Liebknecht schloss einen Moment die Augen. „Dieser dämliche Streich sollte endlich unter Strafe gestellt werden!" Sie nahm einen Zettel aus ihrer Tasche, schrieb etwas darauf und schickte ihren Schüler zum Sekretariat mit den Worten: „Lass dir einen Satz neue Schulbücher aushändigen im Tausch gegen deine ruinierten."
Tarek war der sympathischen Deutschlehrerin sehr dankbar, dass sie ihm einfach glaubte und so eine unkomplizierte Lösung gefunden hatte. Er tat, wie ihm geheißen.
Als er auf den Gang trat, öffnete sich weiter vorne die Tür der Mädchentoilette. Stasi kam heraus. Schnell machte Tarek einen Schritt zurück in die Türnische. Er wartete ein paar Sekunden, dann spähte er vorsichtig den Gang entlang. Stasi war verschwunden. Schnell lief Tarek zum Sekretariat.

„Ich brauche bitte neue Bücher“, sagte er und reichte Frau Liebknechts Zettel über den Tresen.
Die Sekretärin, Frau Müller, bedachte ihn mit einem mitleidigen Blick. „Komm mit“, sagte sie nur.
Kurz darauf war Tarek auf dem Weg zurück in seine Klasse. Die umsichtige Sekretärin hatte ihm sogar eine Tüte gegeben, in der er die Bücher mittags nach Hause transportieren konnte.
Das sollte sich bereits vorher als sehr nützlich erweisen: Er war gerade in den Gang zu seinem Klassenraum abgebogen, als er einen Wasserstrahl an seinem Ohr spürte. Erschrocken wandte er den Kopf, was zur Folge hatte, dass das Wasser mitten in sein Gesicht traf.
In der Tür zur Mädchentoilette stand Stasi. Sie hatte eine Trinkflasche auf ihn gerichtet, die sie zusammendrückte.
Hastig war Tarek zur Seite gesprungen. Dadurch konnte er jedoch nicht verhindern, dass Stasi ihn weiter nassspritzte.
Ohne nachzudenken, riss er die nächste Tür auf und suchte Schutz.
„Hoppla!“, kam die Stimme des in dem Raum unterrichtenden Lehrers.
„Entschuldigung!“, sagte Tarek hastig und wischte sich das Wasser vom Gesicht. „Ich wurde überfallen.“
Mit zwei Schritten war der Lehrer an der Tür. Er folgte der Wasserspur bis zur Mädchentoilette.
Tarek nutzte die Gelegenheit, um schnell zu seinem eigenen Raum zu laufen. Selbst eine Stasi würde es nicht wagen, direkt vor den Augen eines Lehrers ihr Unwesen zu treiben.
„Du bist ja ganz nass!“, wunderte sich Frau Liebknecht.
„Ich wurde überfallen“, sagte Tarek noch einmal. „Von Stasi. Auf dem Gang.“ Er hob die Tüte. „Zum Glück sind die Bücher trocken geblieben.“
„Das ist ja unfassbar!“ Besorgt sah die Lehrerin zur Tür.
Doch das „Schulekel“ ließ sich nicht blicken. Weder in dieser Schulstunde noch in einer der restlichen an diesem Tag.
Und dabei blieb es, was die Reaktion vonseiten der Lehrerin war.

Wie bereits so oft, wurde die Anklage nicht weiterverfolgt und die Tat ignoriert.
Als Tarek nachmittags seiner Mutter die ganze Geschichte, angefangen von morgens im Bus, erzählte, war sie empört. Sie setzte sich sofort mit Frau Werner in Verbindung.
Doch der einzige Kommentar von Stasis Mutter war: „Ich war nicht dabei. In der achten Klasse müssen die Kinder in der Lage sein, ihre kleinen Streits selbst zu klären."
„Das ist kein kleiner Streit", schrieb Vera Meisenbusch daraufhin zurück. „Das ist absichtliche Sachbeschädigung."
„Sie können es nicht beweisen. Meine Tochter tut so etwas nicht", war die Antwort. „Außerdem hat *Ihr* Sohn meiner Tochter im Bus auf die Finger getreten! Dafür gibt es Zeugen!"
„Von manchen Menschen muss man sich einfach fernhalten!", sagte Vera Meisenbusch ihrem Sohn kopfschüttelnd.
Dass das nicht so einfach war, sollte sich erst noch zeigen. Denn in diesem Schuljahr war Tarek in einem Ausmaß von Anastasia Webers Anwesenheit betroffen, das seine kühnsten Vorstellungen übertreffen würde.

Kunstunterricht

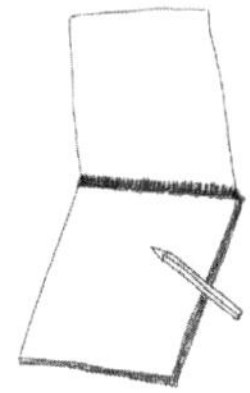

Man konnte nie wissen, wen Stasi sich als nächstes Opfer aussuchte, aber Mia wünschte sich, es wäre nicht Tarek gewesen. Und dann noch am ersten Schultag nach den Ferien. Sie fragte sich, warum die Lehrer nichts gegen dieses Ekel unternahmen.
Es ist fast so, als würden sie sich nicht trauen. Dabei sind sie doch viel mehr und sie sind erwachsen. Wenigstens hat Frau Liebknecht dafür gesorgt, dass Tarek neue Bücher bekommen hat.
Sie hätte ihm gern ihr Mitgefühl ausgedrückt, aber sie traute sich nicht. Sie redeten so gut wie nie zusammen. Leider.
Als er Frau Liebknecht das Zeugnis gebracht hatte, hatte er kurz zu ihr hingeschaut und einen Moment hatten sich ihre Blicke getroffen. Das hatte dem ganzen restlichen Tag einen glitzernden Hauch verliehen. Das neue Schuljahr hatte gut begonnen.
Mia war keine lernbegeisterte Schülerin. Während Tarek ganz oben im Klassenschnitt lag, bewegte sie sich eher im unteren Drittel. Nur in Sport war sie richtig gut und in Kunst. Sie konnte die dicken Seile in der Turnhalle hochklettern wie ein Affe, und was sie malte, war sofort als das zu erkennen, was es darstellen sollte.
Dieses Jahr begannen sie im Kunstunterricht mit dem Thema „Portraits".
Ein paar stöhnten: „Gesichter, ey, das geht gar nicht!"
Die Kunstlehrerin überhörte die Kommentare. Nach einer Einführung in das Thema sagte sie: „Ihr zeichnet euch gegenseitig, und wir beginnen heute mit der Frontalperspektive ..." Wieder folgte eine Erklärung, dann wurde es praktisch, und zwar überraschend praktisch: „Damit der eine nicht nur anderthalb Stunden untätig rumsitzt, wird jeweils nach zwanzig Minuten getauscht." Sie ließ ihren Blick kurz über die Klasse schweifen. „Da Sta... Anastasia nicht da ist, geht es wunderbar auf." Die Erleichterung über diese Tatsache war ihr anzusehen. Stasi im normalen Unter-

richt war schon schlimm genug, aber Kunst bot ein noch höheres Gefahrenpotenzial. Letztes Jahr hatte das „Schulekel“ die Farben überall verteilt, außer da, wo sie hingehörten. „Um das hier mal ein bisschen zu mischen, werde ich euch einteilen ...“ Und zwar ordnete die Lehrerin jeweils einen Jungen einem Mädchen zu.
Damit hatte niemand gerechnet, und sofort wurde es unruhig. Die Reaktionen reichten von Gekicher bis zu: „Oh nein, ey ...!“
Frau Saalmann ließ sich nicht beirren. „Das Modell nimmt den Stuhl und setzt sich mit dem Gesicht nach vorne vor den Tisch. Louis, du gehst zu Emily, Tobias, du ...“ Es folgte ein heilloses Durcheinander.
„... Tarek, du gehst zu Mia, Simon, du ...“
Mia riss die Augen auf. Damit hatte sie nicht gerechnet. Sie beugte sich über ihren Ranzen, um ihre Nervosität zu verbergen. Sie war nur froh, dass sie nicht die Schule gewechselt hatte. *Sonst würde das hier gerade nicht passieren.*
Da trat Tarek bereits an ihren Tisch. „Wer fängt an?“, hörte sie ihn fragen.
„Du“, sagte Mia schnell. Sie musste erstmal runterkommen, bevor sie einen Stift in die Hand nahm.
Tarek nahm den freien Stuhl neben ihr und hob ihn über den Tisch. „Bitte.“
Schnell schlüpfte Mia unter der Tischplatte hindurch und setzte sich.
Ich kann ihn nicht zwanzig Minuten anstarren. Das ist viel zu peinlich. Sie sah überall hin außer in das Gesicht auf der anderen Seite des Tischs. Nur wenn der Künstler die Augen senkte, um die Linien auf sein Blatt zu zeichnen, wagte sie einen kurzen Blick auf ihn.
Auf dem Blatt nahm ihr Kopf Gestalt an. Allmählich entspannte sie sich.
Da öffnete sich plötzlich die Tür des Klassenzimmers und Mia drehte sich kurz um. *Stasi!*
Nach einer Schrecksekunde sagte die Lehrerin: „Du bist zu spät.“ Sie ließ ihren Blick wieder durch die Klasse schweifen. „Setz dich neben Tarek und zeichne ebenfalls Mias Gesicht. Da du die Einführung in die Portraitzeichnung versäumt hast, ...“

Mia hörte den Rest nicht mehr. Starr vor Schreck saß sie auf ihrem Stuhl. Sie vergaß sogar, Tarek nicht direkt anzusehen. Er schien genauso entsetzt zu sein wie sie. Aus irgendeinem Grund nahm ihr das die Nervosität. Von da an blickte sie nicht mehr zur Seite, wenn er den Kopf hob. Sie waren Verbündete in dieser Sache.

Neben Tarek machte Stasi nicht die geringsten Anstalten zu zeichnen. Stattdessen hatte sie ein Wurstbrötchen herausgenommen und zu essen begonnen.

Die Lehrerin tat so, als merke sie nichts. Solange das „Schulekel" nur im Unterricht *aß* und nicht irgendetwas Schreckliches tat, konnte sie sich schon glücklich schätzen.

„So, jetzt wird getauscht", sagte sie nach zwanzig Minuten. „Wechselt dafür bitte die Plätze, dann kommt gleich der Kreislauf ein bisschen in Schwung."

Meiner ist schon in Schwung. Aber Mia stand trotzdem auf und setzte sich auf Tareks Platz.

Sie versuchte, die kauende Person und deren Körpergeruch neben sich zu ignorieren und konzentrierte sich ganz auf ihr Modell. Was nicht zu schwer war. Tareks hellbraune Augen waren so faszinierend, dass sie zeitweise sogar vergaß, wer neben ihr saß. Bis sie auf einmal einen Pieks in ihrer Seite spürte. Erschrocken wandte sie den Kopf. Im nächsten Moment hatte sie eine Ladung Wurstbrötchen im Gesicht.

„Iiii!", schrie sie angeekelt auf.

„Anastasia, was soll das?!", kam die erboste Stimme der Kunstlehrerin. Mit schnellen Schritten durchquerte sie den Klassenraum. Die Hände auf den Hüften sah sie Stasi aufgebracht an. „Ich dulde ein solches Verhalten in meinem Unterricht nicht!"

Ihre Schülerin war aufgestanden und im nächsten Moment schrie die Lehrerin: „Pfui!" Sie machte einen Schritt zurück. „Raus hier! Auf der Stelle!" Frau Saalmann war zum Waschbecken geeilt, um ihr Gesicht zu reinigen.

„Das gibt Ärger", sagte Stasi mit einem gemeinen Funkeln in den Augen. Sie nahm ihren Schulrucksack und verließ den Klassenraum.

Tarek reichte Mia ein Taschentuch. „Hier“, meinte er. „So werde ich dich garantiert nicht zeichnen.“
Mia kämpfte mit den Tränen. Eine Ladung gekautes Wurstbrötchen im Gesicht zu haben und dann auch noch aus dem Mund des „Schulekels“, war für sie so widerlich, dass sie am liebsten losgeheult hätte. *Wenn ich die Schule gewechselt hätte, wäre das hier nicht passiert!*
Endlich war die Lehrerin am Waschbecken fertig. Rein theoretisch hätte Mia auch zur Toilette gehen können, um sich zu waschen, aber unter keinen Umständen wollte sie riskieren, Stasi dort zu treffen.
In der Klasse war empörte Unruhe ausgebrochen, und alle schimpften auf das „Schulekel“.
Frau Saalmann, die sich inzwischen einigermaßen gefangen hatte, klatschte in die Hände. „Okay. Schlimm genug, was hier gerade passiert ist. Ich lasse nicht zu, dass Anastasia auch noch meinen Unterricht boykottiert!“
Der Geräuschpegel nahm wieder ab, als sich die Schüler erneut ihren Zeichnungen widmeten.
Die Essensspuren waren zwar von Mias Gesicht verschwunden, aber innerlich befand sie sich im Schockzustand. *Dass sie das gemacht hat!* Sie spürte immer noch die Spucke auf ihrer Haut, und von Neuem ekelte sie sich.
Ich muss mich auf Tareks Gesicht konzentrieren, sonst wird mir schlecht!
Sie setzte den Bleistift aufs Papier. Je länger sie malte, desto ruhiger wurde sie.
„Wir tauschen“, erklang Frau Saalmanns Anweisung.
„Hey, das sieht wirklich aus wie ich!“, meinte Tarek anerkennend, als er seinen Platz am Tisch einnahm.
Mia lächelte schwach. „Danke.“
Sie beobachtete, wie Tarek die ovale Form auf seinem Block immer mehr füllte. Im Gegensatz zu Mia hatte er nicht mit den Augen, sondern mit der Nase begonnen.
Sie wirkte für Mias Geschmack ein bisschen groß. *Habe ich wirklich so einen Rüssel?*, überlegte sie beunruhigt und fühlte

nach. Doch Tarek sah so natürlich nicht genug, und sie musste die Klärung dieser Frage auf später verschieben.
Dann war die Nase fertig und Tarek nahm sich den Augen seines Modells an.
Mia spürte, wie ihr Herz schneller schlug, als sich ihre Blicke trafen.
„Du hast ziemlich große Augen", bemerkte Tarek und zeichnete die Form.
Mia wurde etwas rot. *Besser als eine große Nase.*
Tarek blickte erneut auf. Doch statt mit Zeichnen fortzufahren, sah er ihr weiter in die Augen.
„Ihr habt noch fünf Minuten, bevor ihr ein letztes Mal tauscht", informierte Frau Saalmann die Klasse.
Tarek blinzelte wie jemand, der aus einem Sekundenschlaf aufschreckt. Hastig zeichnete er weiter, ohne Mia noch einmal anzugucken.
Es sieht nicht aus wie ich, stellte Mia fest, als sie wieder Plätze tauschten. Aber das war ihr vollkommen egal.
Während sie Tareks Portrait bearbeitete, trafen sich immer wieder ihre Blicke. Sie wechselten kein einziges Wort mehr miteinander, aber Mia war sich sicher: *Irgendetwas ist auf einmal anders zwischen uns.*
Nach Unterrichtsschluss wurde sie von ihren Mitschülern umringt. Die empörten und extrem abwertenden Bemerkungen über das „Schulekel" überschlugen sich nur so.
„Hätte sie das bei mir gemacht, ich hätte gekotzt!", meinte Emily, neben der Mia normalerweise saß.
Tobias nahm sein Schlampermäppchen und hielt es wie ein Mikrofon vor Mia: „Frau Wellies, was haben Sie zu der Situation zu sagen? Wie beurteilen Sie die Sachlage?"
„Es war total ekelig", erwiderte Mia nur und schüttelte sich.
„Wie bewerten Sie Ihre Angreiferin? Auf einer Skala zwischen Schwein und A*loch?"
Mia schüttelte den Kopf und presste die Lippen zusammen. In der Pfadfindergruppe, die sie besuchte, hatten sie im letzten Schuljahr wochenlang über die Bedeutung von Worten gespro-

chen. Sie wusste ganz genau, wenn sie sich zu Tobias‘ zweiter Frage äußerte, würde sie Sachen sagen, die nicht in Ordnung wären. Zu sagen, was jemand gemacht hatte, war eine Sache. Über die Person herzuziehen eine andere.
„Okay, das Opfer möchte keine weiteren Aussagen treffen. Bitte treten Sie zurück und lassen Sie Frau Wellies durch.“ Tobias tat so, als bahne er eine Schneise für eine berühmte Persönlichkeit. Ein paar lachten über den Spaßvogel. Mia nicht. Stumm verließ sie den Raum. Und nach Lachen war ihr erst recht nicht zumute.

Beim Schulleiter

Mia zu zeichnen oder, besser gesagt, ihre Augen, hatte in Tarek ein Fenster geöffnet. Am liebsten hätte er Farben genommen, um die unterschiedlichen Blauschattierungen wiedergeben zu können. Und zum ersten Mal in seiner bisherigen Schullaufbahn war er enttäuscht gewesen über das Ende des Unterrichts. Er konnte nur hoffen, dass Frau Saalmann die Zusammenstellung der Kunst-Partner für die nächste Zeit so belassen würde.

Einziger Wermutstropfen: Stasis Einlage.

Mia hatte Tarek wirklich leidgetan, auch wenn er froh war, dass *er* den Inhalt von Stasis Mund nicht abgekriegt hatte. Zu Hause aßen sie kein Schwein. Die moslemischen Wurzeln seines Vaters verboten das.

Auf Geburtstagsfeiern stellte das Schweinefleisch-Verbot manchmal ein echtes Problem dar. Früher hatte seine Mutter das für ihn geklärt, aber seit der fünften Klasse war er selbst dafür verantwortlich.

„Ist das mit Schweinefleisch?“, fragte er dann, wenn es zum Beispiel Hamburger oder Hotdogs gab. In den meisten Fällen war das natürlich der Fall, und nicht selten blieb Tarek dann nichts anderes übrig, als nur das Brötchen mit ein paar sauren Gurken und Röstzwiebeln, einer Tomaten-Scheibe und einem Salatblatt zu essen.

Einmal, relativ zu Anfang der Geburtstags-Einladungs-Karriere, hatte seine Mutter versäumt zu fragen. Später zu Hause hatte sein Vater sich erkundigt, ob es was mit Schwein zu essen gegeben hatte.

„Ich glaube nicht“, hatte Tarek geantwortet.

Sein Vater hatte ihn bei den Schultern gepackt: „Das war das letzte Mal, dass du nicht weißt, was für ein Fleisch du isst! Mein Sohn wird sich nicht mit Schwein verunreinigen!“, hatte er aufgebracht gesagt. Dabei hatten seine dunklen Augen gefunkelt. „Versprich mir das! Sonst werde ich dafür sorgen, dass diese unreine Speise deinen Körper wieder verlässt, bevor sie verdaut ist!“

„Omar, was soll das?“, hatte seine Mutter sich eingeschaltet. „Du bist doch in anderen Dingen auch nicht so streng!“
„Halt dich da raus, Frau!“, hatte Tareks Vater scharf zurückgeschossen. „Wir sind übereingekommen, die Überzeugungen des anderen stehenzulassen.“
Tareks Mutter hatte die Augen verdreht. „Ist ja gut. Ich will nur nicht, dass du ihm Angst machst.“
„Ich mache ihm keine Angst.“ Omar hatte sich vor seinen kleinen Sohn gehockt und gefragt: „Mache ich dir Angst?“
Ängstlich hatte Tarek den Kopf geschüttelt.
Mit der Zeit hatte er eine schon fast an Ekel grenzende Abneigung gegen alles, was Schweineprodukte enthielt, entwickelt. Und schon die Vorstellung, eine zerkaute Ladung davon ins Gesicht zu kriegen, war widerlich.
Ja, so leid ihm Mia tat, es war sicher besser so als andersrum. Sein Vater wäre nicht erfreut gewesen zu erfahren, dass sein Sohn tote Bestandteile eines unreinen Tieres im Gesicht gehabt hatte.
Stasi war nicht im Bus. Das überraschte Tarek nicht, schließlich hatte Frau Saalmann sie lange vor Schulschluss nach Hause geschickt.
Wobei, so direkt hat sie das eigentlich nicht gesagt, fiel es ihm ein. Ihm fiel ebenfalls wieder ein, was das „Schulekel“ der Lehrerin als Antwort erwidert hatte: „Das gibt Ärger.“
In der Schule hatte er gedacht, sie würde Ärger für sich selbst wittern. Doch nun fragte er sich, ob der Satz nicht vielmehr eine Drohung gewesen war.
Stasi war so geschickt darin, Menschen zu beschuldigen und bloßzustellen, dass ihr Spitzname weit mehr als nur eine Abkürzung ihres wohlklingenden Vornamens war.
Immer wieder erschien jemand vom Jugendamt in der Schule. Grund: Stasis Mutter hatte sich über die Lehrer beschwert, ihre Tochter würde diskriminiert, bedroht oder belästigt. Und sie hatte kein Geheimnis daraus gemacht.
Tarek hatte keine Ahnung, was Stasi dem Sozialarbeiter erzählt hatte, aber das Ergebnis dieser ganzen Geschichten war, dass am Ende die Lehrer die Dummen waren und nicht die Schülerin.

Was wiederum zur Folge hatte, dass niemand wagte, wirklich gegen sie durchzugreifen.
Betreffend Stasis Aussage der Kunstlehrerin gegenüber, musste er nicht lange rätseln: Am nächsten Morgen erschien Anastasia Werner in Begleitung ihrer Mutter. Die Frau machte ein grimmiges, entschlossenes Gesicht.
„Die arme Frau Saalmann“, hörte er Mia hinter sich sagen. Tarek drehte sich um. „Dabei hat sie doch gar nichts gemacht“, fuhr das Mädchen fort. „Aber es wird wieder Aussage gegen Aussage stehen.“
Plötzlich war der Gedanke da. „Lass uns beim Schulleiter ein gutes Wort für sie einlegen“, hörte Tarek sich sagen.
Mia riss die Augen auf. „Du meinst – wir?“
Tarek blickte sie direkt an und spürte, wie Mut ihn durchströmte. „Ja, los. Zusammen schaffen wir das. Dich hat sie angespuckt und ich hab‘s beobachtet.“
Einen Moment zögerte Mia noch, dann gab sie sich einen Ruck. „Zusammen schaffen wir das“, nickte sie.
Sie liefen über den Schulhof zum Sekretariat.
„Hat wieder jemand Kakao im Ranzen?“, erkundigte sich die Sekretärin.
Tarek erzählte, warum sie hier waren.
„Das könnte in der Tat hilfreich sein“, murmelte die freundliche Frau hinter dem Tresen. „Wartet kurz.“ Sie verschwand.
Tarek und Mia sahen sich an. „Ich glaube, dafür war es ganz gut, dass du neulich schon mal hier warst“, raunte Mia ihm zu.
„Das könnte in der Tat hilfreich gewesen sein“, gab Tarek mit einem schwachen Grinsen leise zurück. Etwas nervös sah er auf die Tür, hinter der die Sekretärin verschwunden war.
Und wenn Stasi uns dann erst recht fertigmacht?, schoss es ihm durch den Kopf.
Da öffnete sich die Tür und Frau Müller steckte den Kopf heraus. „Herr Gundloff möchte euch sprechen.“
Mia und Tarek betraten das Zimmer des Schulleiters. Diesmal berichtete Mia.
„Und du bist als moralische Unterstützung mitgekommen?“, wandte er sich an Tarek.

„Vor allem als Zeuge", erwiderte der Junge.
„Es war seine Idee, hierher zu kommen", sagte Mia schnell.
Der Mann am Schreibtisch nickte kurz und machte sich ein paar Notizen. „Danke. Das war sehr mutig von euch", sagte er.
„Äh, könnten Sie vielleicht nicht sagen, wer Ihnen diese Informationen weitergesagt hat?", bat Tarek vorsichtig. „Ich will nicht wieder Kakao in der Schultasche haben."
„Ach, du bist das. Verstehe. Alles klar."
Erleichtert verließen Tarek und Mia das Büro und liefen zu ihrem Klassenraum.
„Was sagen wir, wenn Herr Heinrich uns fragt, warum wir zu spät sind?", fragte Tarek unterwegs.
„Na, die Wahrheit natürlich", erwiderte Mia erstaunt.
„Dann wird Stasi über kurz oder lang erfahren, dass wir gegen sie ausgesagt haben", wandte Tarek besorgt ein. „Wir sagen lieber, dass der Bus Verspätung hatte."
Mia warf ihm einen zweifelnden Blick zu. „Das wäre eine Lüge."
„Das ist keine schlimme Lüge. Es ist nur schlimm, wenn du einen Freund anlügst, sagt mein Vater."
Mia schüttelte den Kopf. „Ich kann nicht lügen."
„Du kannst nicht?", wunderte sich Tarek.
„Ja, genau. Also, mir geht‘s danach richtig schlecht. Ich kann nichts anderes mehr denken, weil ich die ganze Zeit an die Lüge denken muss."
„Puh, das macht es echt schwierig!" Tarek fuhr sich mit der Hand durch die dichten schwarzen Haare. Vielleicht hätten sie doch nicht zum Schulleiter gehen sollen. Einen Moment sahen sie sich an, dann stieß Tarek die Luft aus. „Dann sagen wir einfach gar nichts."
Zum Glück war das auch nicht nötig. Denn aus einem unerfindlichen Grund war der Mathelehrer noch nicht da. Als er kurz nach den beiden Schülern den Raum betrat, gab er der Klasse keine Entschuldigung für sein Zuspätkommen, sondern begann augenblicklich mit dem Unterricht.
Kurz vor Ende der Stunde kam Stasi herein. Sofort legte sich eine unsichtbare Anspannung über die Klasse.

„Auch schon da?“, kommentierte Herr Heinrich ihr Erscheinen.
„Ich hatte einen Termin mit dem Schulleiter“, gab seine Schülerin patzig zurück.
Tarek sah durch den Raum zu Mia. Ob ihre Aussagen etwas bewirkt hatten?
Sie kann nicht lügen. Ob das so was ist, wie für mich, Schweinefleisch zu essen? Ob es irgendwas mit ihrem Glauben zu tun hat? Oder dem ihrer Eltern?
Er blickte weiter auf die andere Seite des Klassenzimmers. Und auf einmal wünschte er sich, herauszufinden, was das eigentlich für ein Mädchen war, mit dem er nun bereits seit drei Jahren in die gleiche Klasse ging, das nicht lästerte, nicht log, fantastisch zeichnen konnte und das Augen hatte wie das Meer in seinen Träumen.

Ein heiliges Buch

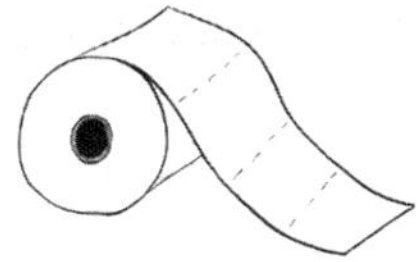

Die ganze Woche fühlte Mia sich von Stasi beobachtet. Sie versuchte, noch mehr Abstand zu dem „Schulekel“ zu halten als vorher, was ihr auch ganz gut gelang.
Bis zum Freitag.
Die ersten beiden Stunden waren ausgefallen, und als Mia zur Schule kam, sah sie zwei ihr unbekannte Personen davorstehen, einen jungen Mann und eine junge Frau. Sie verteilten kleine Bücher an die, die ein Exemplar wollten. Tarek war auch unter ihnen.
Neugierig ging Mia näher, um zu sehen, was der Mann da verschenkte. Es stellte sich heraus, dass es sich um ein kleines Neues Testament handelte.
„Wir sind von den Gideons“, erklärte der Mann freundlich. „Wir möchten, dass jeder Schüler die Möglichkeit hat, in der Bibel zu lesen.“
Sofort fühlte Mia eine Verbindung mit diesen Leuten. „Cool“, lächelte sie.
„Möchtest du auch ein Neues Testament?“, fragte der Mann.
„Ich will keinem eins wegnehmen. Ich hab zu Hause eine ganze Bibel“, gab Mia zögernd zurück.
„Das ist okay“, meinte der Mann freundlich. „So ein kleines NT ist superpraktisch zum Mitnehmen.“ Er hielt Mia eins hin und sie nahm es dankbar.
„Klar. Wir fahren nämlich bald auf Klassenfahrt und dann habe ich Gepäck gespart, wenn ich nur so ein kleines Buch einpacke“, grinste sie.
In einiger Entfernung sah sie Stasi ankommen. Schnell verdünnisierte sie sich. *Hoffentlich gibt der ihr keins. Sie wird es in den nächsten Mülleimer schmeißen. Oder noch eher: Einfach auf den Schulhof.*
Doch da hatte sie sich getäuscht. Zu ihrem Erstaunen schlug das „Schulekel“ die kleine Bibel auf und blätterte etwas darin.

In der nächsten Pause erfuhr Mia, was ihre Mitschülerin noch mit dem Büchlein gemacht hatte.
„Das Toilettenpapier war alle. Ziemlich unpraktisch, wenn man gekackt hat. Aber zum Glück hatte ich anderes Papier.“ Sie zog das Buch von den Gideons aus der Tasche.
Fassungslos sah Mia sie an.
„Was glotzt du so?“, fragte Stasi und schubste sie.
„Das ist eine Bibel!“ Gerade gab es Wichtigeres, als Abstand zu halten.
„Weiß ich selber. Mein Onkel ist Messdiener.“
„Man nimmt eine Bibel nicht als Klopapier!“, sagte Mia aufgebracht.
„Du hast mir gar nichts zu sagen. Ich kann machen, was ich will!“ Stasi wollte sie wieder schubsen, als Mia Tareks entrüstete Stimme hörte. Er klang so empört, dass Stasi den Arm sinken ließ.
„Das ist ein heiliges Buch!“ Tarek war neben Mia getreten.
„Ach, deswegen hat es so gut funktioniert“, meinte Stasi ungerührt. Sie drehte sich um und ging mit schwingenden Hüften davon.
In Tareks Augen brannte so etwas wie gerechter Zorn. Er schüttelte den Kopf. „Für das, was sie getan hat, gibt es einfach keine Worte!“
Er ist total wütend! So entsetzt Mia selbst war, bei Tarek schien Stasis Verwendung der Bibelseiten noch etwas anderes auszulösen.
„Bei uns zu Hause steht die Bibel an einem Ehrenplatz, gut geschützt in der Vitrine. So wie der Koran auch“, fuhr er fort. „Man darf ein heiliges Buch noch nicht mal auf den Boden legen! Das ist schon schlimm. Aber was Stasi gemacht hat, das ist einfach ...“ Wieder schüttelte er den Kopf und Mia konnte sehen, wie erschüttert er war.
Das verwunderte sie. Sie hatte Tarek bisher nicht als besonders gläubig eingestuft. Natürlich würde sie niemals Seiten aus der Bibel reißen, um sie als Toilettenpapier zu benutzen. Das wäre jenseits ihrer schlimmsten Vorstellungen. Aber sie hatte noch nie darauf geachtet, wo sie ihre Bibel hingelegt hatte.

„Wo verwahrst du zu Hause deine Bibel auf?“, forderte Tarek sie da heraus.
Sie war überrascht, dass er wie selbstverständlich davon ausging, dass sie eine hatte, und sagte wahrheitsgetreu: „Auf meinem Nachtschränkchen. Manchmal auch in meinem Bett. Wenn ich schlecht geträumt habe.“
„Du nimmst sie mit ins Bett?“, fragte Tarek ungläubig. „Wie ein Kuscheltier?“
Mia war dieses Gespräch etwas unangenehm. Andererseits war sie froh, dass sie überhaupt miteinander redeten.
„Ja, also, wenn ich schlecht geträumt habe, lese ich in der Bibel und halte sie im Arm beim Einschlafen.“ Sie wurde mutiger. „Ich weiß, dass Papier und Druckerfarbe mich nicht vor irgendwas beschützen, sondern Gottes Engel, aber irgendwie beruhigt es mich, die Bibel an mir zu spüren.“
„Du hast eine Bibel neben deinem Bett. *In* deinem Bett“, wiederholte Tarek.
Mia verstand nicht, was daran so besonders war. „Ganz viele Leute haben ihre Bibel neben ihrem Bett. Meine Mutter und mein Vater auch. Und die aus meiner Pfadfindergruppe. Wenn ich immer erst ans Regal gehen müsste, um sie zu holen, wäre mir das zu umständlich. Ich glaube, dann würde ich nicht drin lesen.“
„Du *liest* in der Bibel? Also öfter?“, fragte Tarek neugierig.
„Ja. Jeden Tag. Also, ich versuche es zumindest.“
Tarek brauchte anscheinend ein paar Sekunden, um diese Information zu verdauen.
„Steht da irgendwas drin, was passiert, wenn man sie als Klopapier benutzt?“, fragte er unvermittelt.
„Nein. Klopapier gab es damals, als sie geschrieben wurde, ja noch gar nicht. Aber es steht drin, dass es Gottes Worte sind, die man liest, und dass man ihn ehren muss, zum Beispiel. Es steht natürlich noch viel mehr drin.“
„Das mit den Engeln?“, fragte Tarek interessiert.
Mia wusste erst nicht, was er meinte.
„Du hast doch eben gesagt, dass Gottes Engel dich beschützen.“

„Ach so. Ja, das steht auch drin.“ Leider mussten sie zurück in den Unterricht. „Du hast ja jetzt eine eigene Bibel oder, besser gesagt, Neues Testament“, sagte Mia auf dem Weg zum Klassenraum. „Da kannst du jederzeit selbst lesen, was noch drinsteht.
„Warum heißt das Neues Testament? Ist das so eine Art Neuauflage?“
„Nein, das ist nur der zweite Teil der Bibel. Wobei, vielleicht ist es auch doch so was wie eine Neuauflage. Früher, im Alten Testament, mussten die Leute opfern, um Vergebung der Sünden zu bekommen. Im Neuen Testament kam Jesus. Der hat sich selbst geopfert.“
„Hat er Selbstmord gemacht?“
„Nein. Er wurde ermordet. Gekreuzigt, genauer gesagt.“
Mia konnte sehen, dass Tarek noch viel mehr fragen wollte, aber sie hatten den Klassenraum erreicht.
Komisch, dass ich ausgerechnet mit ihm über die Bibel rede, dachte sie. Sie hatte im Laufe der Jahre mitbekommen, wie genau er das mit dem Essen von Schweinefleisch nahm und ging davon aus, dass er sehr muslimisch erzogen sein musste. *Dazu passt allerdings nicht, dass sie eine Bibel zu Hause im Schrank haben.*
Im Frühjahr war jemand von einer Organisation, die sich für verfolgte Christen einsetzte, zu ihnen auf die Pfadfinder-Wiese gekommen. Während die Royal-Ranger-Teams ums Lagerfeuer gesessen hatten, hatte ein Mitarbeiter der Organisation berichtet: „In manchen islamischen Ländern ist es bei Todesstrafe verboten, eine Bibel zu besitzen, geschweige denn, darin zu lesen“, hatten sie erfahren. „Hier in Deutschland kann sich fast jeder ganz einfach eine Bibel besorgen, wenn er das möchte. Woanders auf der Welt ist das fast unmöglich. Wenn das muslimische Umfeld mitbekommt, dass sich jemand für den christlichen Glauben interessiert, ist das sehr, sehr gefährlich.“
Die Mitarbeiter der Organisation hatten den Schwerpunkt allerdings auf etwas anderes gelegt: „Eine Bibel in der eigenen Sprache zu haben und frei darin lesen zu können, ist ein riesiges Vorrecht. In der Bibel erfahren wir die Wahrheit über Gott,

über uns selbst, über das Leben und das, was danach kommt. In der Bibel spricht Gott selbst zu uns. Seit Jahrhunderten wurde immer wieder versucht, dieses Buch auszulöschen. Es hat nicht funktioniert. Ganz im Gegenteil: Heute gibt es mehr Bibeln als je zuvor.“

Ziemlich betroffen hatten Mia und die anderen „Füchse“ zugehört. Auch die „Wölfe“ und sogar die „Luchse“ waren ausnahmsweise still gewesen.

Durch die Verteilaktion der Gideons und das Gespräch mit Tarek wurde Mia wieder an diese interessante und bewegende Pfadfinder-Stunde erinnert. *Bei uns gibt es sogar so viele Bibeln, dass sie einfach in der Schule verschenkt werden.* Sie sah zu Tarek. Den Blick auf seinen Schreibtisch geheftet, saß er auf seinem Stuhl. Jetzt blätterte er eine Seite um.

Er liest in dem Neuen Testament!, fuhr es Mia durch den Kopf. *Voll cool, dass er sich dafür interessiert!*

Zu dem Zeitpunkt ahnte weder sie noch Tarek, was das für Folgen haben würde.

Außerdem erfuhr sie am nächsten Tag, dass sie sich erstmal mit anderen Dingen auseinandersetzen musste: Für die Klassenfahrt hatte Frau Liebknecht Stasi ausgerechnet zu ihr ins Zimmer gesteckt.

Klassenfahrt

Entsetzt sahen Emily und Mia sich an. Sie sollten das Zimmer mit dem „Schulekel“ teilen? Da bräuchten sie jeder mindestens zwei Bodyguards!
Stasi, die tatsächlich zur Deutschstunde erschienen war, nahm die Nachricht ungerührt hin.
Ihr ist es egal, wen sie fertigmacht, dachte Mia. Die Lehrerin erklärte das Programm, aber Mia hörte nicht zu. *Wie soll ich das bloß überleben?* Eigentlich mochte sie Frau Liebknecht. Sie war wesentlich geduldiger und verständnisvoller als andere Lehrer. Und sogar das „Schulekel“ schien die Deutschlehrerin bis zu einem gewissen Grad zu respektieren. Aber die Entscheidung, Stasi ihr und Emily zuzumuten, ließ Frau Liebknecht in Mias Gunst ziemlich sinken.
„Wenn das so ist, werde ich krank sein bei der Klassenfahrt“, murmelte Emily neben ihr. „Ich fühle mich schon bei der Vorstellung krank ...“
In der Pause wurden die beiden von ihren Mitschülern umringt.
„Das ist echt übel“, meinte Tobias.
„An eurer Stelle würde ich mir das überlegen mit der Klassenfahrt.“
„Ich würde die ganze Nacht kein Auge zumachen.“
„Das ist ja schon fahrlässig von Frau Liebknecht. Sie weiß doch, wie Stasi drauf ist.“
„Dass die überhaupt mitfahren darf! Ich wette, das ist nur, weil die Lehrer Angst vor dem Jugendamt haben.“
Das „Schulekel“ schlenderte über den Schulhof auf sie zu.
„Sie kommt! Schnell weg!“, zischte Emily.
In null Komma nichts hatte sich die Gruppe aufgelöst.
Aus einem unerfindlichen Grund war Mia nicht so schnell – vielleicht war es eine Art Schockstarre – jedenfalls traf Stasi auf sie.
„Wir sind in einem Zimmer“, sagte sie überflüssigerweise. Sie biss in ein Brötchen.

Mia machte einen Schritt nach hinten. „Ich weiß. Spuck mir bloß nicht wieder deine Wurst ins Gesicht!"
Stasi grinste. „Das hier ist Käse."
„Darauf kann ich auch verzichten."
„Wehe, du schnarchst!", sagte das „Schulekel" mit vollem Mund. „Und ich schlafe oben, nur, dass das klar ist."
„Keine Ahnung, was das für Betten sind." Mia hörte, wie Tarek sie rief.
„Ist er dein Beschützer, oder was?", fragte Stasi spöttisch. „Ich hab genau gesehen, wie er dir in Kunst ein Taschentuch gab."
Mia stemmte eine Hand in die Hüfte. „Bist du etwa eifersüchtig?"
Stasi machte blitzschnell einen Schritt auf sie zu und im nächsten Moment hatte Mia eine Ladung zerkautes Brötchen im Gesicht. *Käse*brötchen.
„Du bist so ekelhaft!", schrie Mia auf.
Stasi lachte. „Lauf doch zu deinem Beschützer. Der hat bestimmt noch ein Tempo für dich." Sie schlenderte davon.
Tarek gab ihr tatsächlich ein Taschentuch. „Warum bist du auch da stehen geblieben und hast auf sie gewartet?" Es klang nicht vorwurfsvoll, eher verständnislos.
„Keine Ahnung." Mia wischte sich die Essensreste vom Gesicht. „Ich glaube, ich war schockgefroren." Einzig seine Anwesenheit machte die Situation halbwegs erträglich.
„Und dann noch mit ihr eine Woche im gleichen Zimmer", fuhr Tarek fort. „Du tust mir echt leid."
„Ich mir auch!"
„An deiner Stelle würde ich krank machen und zu Hause bleiben."
„Wenn ich nicht krank bin, dann kann ich auch nicht sagen, ich wäre krank", gab Mia zurück.
„Ach so, stimmt, du lügst ja nicht", nickte Tarek. „Du hast da noch was am Kinn." Er holte ein neues Taschentuch heraus und entfernte den Brötchenrest. Dabei sah er in ihre Augen.
Schnell schaute Mia zur Seite. „Ich geh mich waschen." Sie warf einen Blick über die Schulter. „Solange Stasi noch hier draußen rumläuft, bin ich auf der Toilette jedenfalls sicher."

Auf dem Weg über den Schulhof versuchte sie einzuordnen, was gerade passiert war. Was ihr nicht wirklich gelang. Seit der Kunststunde war Tarek anders zu ihr. *Er verhält sich so, als ob er auf einmal gemerkt hätte, dass ich in seiner Klasse bin.* Seitdem hatte Stasi es auf sie abgesehen. Stand sie etwa auf ihn? *Dann kann ich mich wirklich warm anziehen. Wie soll das nur werden in einem Zimmer mit ihr ...*
Zu Hause erzählte sie, was passiert war. „Und rat mal, mit wem ich auf dem Zimmer bin: ausgerechnet mit dem Schulekel!“
„Dann werdet ihr diese fünf Tage nutzen, um euch zusammenzuraufen“, meinte ihre Mutter sachlich.
„Mama, hast du etwa nie zugehört, wenn ich dir von ihr erzählt habe? Sie ist der schlimmste Mensch, den ich kenne! In Kunst hat sie mich mit Wurst angespuckt und heute mit Käse, und sie hat die Bibel als Klopapier benutzt!“
„Ernsthaft? Sie hat sich damit abgeputzt? Sie hat dich angespuckt?“, fragte ihre Mutter ungläubig. Offensichtlich hatte sie Mühe, diverse Schandtaten des „Schulekels“ gleichzeitig zu verdauen. „Das kann ich mir nicht vorstellen.“
„Tja, das ist es ja gerade: Sie ist so gemein, dass man es sich nicht vorstellen kann, wenn man es nicht erlebt. Am ersten Schultag hat sie Tarek Kakao in den Ranzen gekippt.“
„Das ist ja unerhört!“
Schön, dass es endlich bei ihr ankommt. All meine Überlegungen, wegen Stasi sogar die Schule zu wechseln, sind einfach nur so an ihr vorbeigerauscht. Dass Tarek der Grund war, warum es von Mias Seite nur bei Überlegungen geblieben war, hatte sie ihrer Mutter natürlich nicht erzählt.
„Und was sagen die Lehrer dazu? Wenn es wirklich so schlimm ist, werden sie das doch sicher nicht so durchgehen lassen.“
„Nichts. Das ist es ja gerade. Sie trauen sich nicht.“
Zweifelnd sah ihre Mutter sie an, nach dem Motto: Solange die Lehrer nicht aktiv werden, kann es ja nicht so ernst sein.
„Du bist ja nicht allein mit ihr. Wer ist denn noch bei euch auf dem Zimmer?“

„Niemand. Das ist es ja gerade. Emily hat kein Problem damit, wegen Stasi zu sagen, dass sie während der Klassenfahrt krank ist."
Einen Moment sah ihre Mutter sie an. Dann sagte sie: „Denk gar nicht drüber nach, Mia. Für jemanden, der sich dem anvertraut hat, der die Wahrheit in Person ist, ist alles andere als die Wahrheit keine Option."
„Schon klar. Aber manchmal ist es echt leichter, kein Christ zu sein", murmelte Mia. „Man kann lügen, lästern und gemein zurück sein."
„Und was denkst du, was dir das nützt?"
„Das Leben ist einfacher."
„Jede Lüge kommt eines Tages ans Licht, wer lästert, wird früher oder später ebenso behandelt und Gemeinheit mit Gemeinheit zu vergelten, bringt nur neue Gemeinheit hervor. Oder Hass."
Mia seufzte. *Ich hätte mir gleich denken können, dass es nichts bringt, mit Mama über solche Dinge zu reden.* „Weißt du, ob ich schnarche?", erkundigte sie sich.
„Nein. Warum?", fragte ihre Mutter überrascht.
„Stasi sagte: ‚Wehe, du schnarchst!'"
Ihre Mutter machte eine wegwerfende Handbewegung. „Ihr werdet so müde sein, wenn ihr schließlich im Bett liegt, dass ihr so tief schlafen werdet, dass ihr gar nichts mehr hört. Da lass dir mal keine grauen Haare wachsen. Ich bin mir sicher, ihr werdet eine richtig schöne Zeit haben. In der Fränkischen Schweiz ist es sehr schön, und die Höhlen dort sind wirklich interessant. Papa und ich waren auch mal in einer ..."
Mia interessierte sich gerade nicht für einen Erlebnisbericht ihrer Mutter über eine faszinierende Tropfsteinhöhle. Was sie viel mehr interessierte, war eine Strategie, wie sie fünf Tage Stasi überleben würde.
Vielleicht hätte ja jemand von ihrem Royal-Ranger-Team, den christlichen Pfadfindern, zu denen sie einmal in der Woche ging, eine Idee.

Väterliches Backup

„Ihr fahrt Montagmittag in die Fränkische Schweiz, richtig?“, fragte Omar seinen Sohn beim Abendessen.
Tarek biss in seinen Wrap und nickte. Er hatte keine Ahnung, wo das war, aber so hatte es Frau Liebknecht ihnen gesagt. Er wusste nur, irgendwo im Süden.
„Wirklich schade, dass ihr erst mittags losfahrt, sonst könntet ihr noch mehr aus der Woche rausholen. Aber ansonsten hört sich das Programm ziemlich gut an. Mit wem bist du auf dem Zimmer?“
„Mit Tobias und Louis.“
Sein Vater nickte. Andere Eltern mochten mit den Namen der Klassenkameraden ihrer Kinder nichts anfangen können, aber Omar Meisenbusch interessierte sich aufrichtig für das Leben seines Sohnes. Er zog sein Portemonnaie heraus. „Hier hast du ein bisschen Taschengeld. Kauf dir was Schönes.“ Er schob einen Fünfzig-Euro-Schein über den Tisch.
Tarek bekam große Augen. „Danke, Papa!“
Sein Vater lächelte leicht. „Wenn irgendeiner von den Lehrern ausfallen sollte, sag Bescheid, dann springe ich ein.“
„Echt jetzt? Du würdest mitkommen?“
„Klar“, meinte Omar Meisenbusch.
Tarek war sich nicht sicher, ob er sich das vorstellen konnte.
„Oder wenn‘s sonst irgendwie Probleme gibt. Falls du dich verletzen solltest oder sie dir ein schlechtes Zimmer geben oder ...“
„Omar, das ist eine Klassenfahrt“, unterbrach seine Frau.
Ihr Mann ignorierte sie. „... oder falls das Essen schlecht ist.“ Er nahm sich noch einen Wrap. „Hast du angegeben, dass du halal isst?“
„Ich habe das geregelt“, ließ sich Tareks Mutter vernehmen.
Omar war zufrieden. „Kommt deine spezielle Freundin auch mit?“, fragte er seinen Sohn.
Im ersten Moment dachte Tarek, er meinte Mia. Wobei das eigentlich nicht sein konnte. Tarek erzählte zwar viel zu Hause,

aber dass Mia eine Sonderstellung hatte, wusste niemand, und er würde es auch keinem erzählen. „Wen meinst du?“, fragte er vorsichtig.
„Die nette junge Dame, die dir ihren Kakao geschenkt hat.“ Der Ton von Omar Meisenbuschs Stimme passte überhaupt nicht zu seinen Worten.
Aha, Mama hat ihm davon erzählt. „Ja, leider.“
„Wenn sie dich irgendwie belästigen sollte, sag Bescheid. Ich dulde nicht, dass mein Sohn schikaniert wird!“
Tarek nickte. Er sagte ihm nicht, dass sie ihn als Zigeuner bezeichnet hatte. Sein Vater würde das als grobe Verletzung seiner Ehre auffassen und entsprechend reagieren. Einmal, es war noch in der Grundschule gewesen, hatte ein Kind Tarek beim Staffellauf als „lahme Ente“ bezeichnet. Völlig geknickt war er an dem Tag nach Hause gekommen. Als sein Vater den Grund für seine Traurigkeit erfahren hatte, hatte er aufgebracht gesagt: „Wer war es? Ich lasse nicht zu, dass mein Sohn beleidigt wird!“
Dummerweise (oder vielleicht auch zum Glück) hatte Tarek nicht genau mitbekommen, wer den Kommentar gelassen hatte. Aber seit diesem Tag ging er mit dem guten Gefühl in die Schule, dass sein Vater für ihn eintreten würde, sollte es erforderlich sein. Dabei behielt er sich vor, selbst zu entscheiden, wann das der Fall war und wann nicht.
Er berichtete, was Stasi mit der Bibel gemacht hatte.
„Kein Moslem würde je so etwas wagen!“, empörte sich Tareks Vater. „Es ist ein heiliges Buch!“
„Das habe ich auch gesagt. Man merkt richtig beim Lesen, dass es anders ist als andere Bücher. Mi...“
„Du hast darin gelesen?“, unterbrach ihn sein Vater. Etwas in dessen Stimme ließ Tarek wachsam aufhorchen.
„Im Unterricht“, gab er vorsichtig zurück. Er sagte nicht, dass es heimlich während Mathe gewesen war. Er hatte zu Hause weiterlesen wollen, hatte es dann aber vergessen.
„Ihr müsst in der Schule in der Bibel lesen?“ Omar Meisenbusch wirkte gar nicht erfreut.
„Lass ihn doch“, schaltete sich Tareks Mutter ein. „Wir haben früher im Religionsunterricht auch darin gelesen.“

„Lest ihr auch den Koran?“, fragte Tareks Vater seinen Sohn.
„Nein.“
„Da hast du es“, wandte Omar Meisenbusch sich an seine Frau. „Die Bibel wird höher geachtet als der Koran. Ich will nicht, dass mein Sohn einseitig geprägt wird. Wir sind übereingekommen, dass er entweder beide Religionen kennenlernt oder keine.“
„Reg dich doch nicht so auf“, sagte seine Frau mit einem bedeutungsvollen Blick auf Tarek. „Wir leben nun mal im christlichen Abendland.“
„Sag du mir nicht, wo wir leben! Außerdem hält sich sowieso niemand an das, was in der Bibel steht.“ Omar Meisenbusch stand auf. Er klopfte Tarek auf die Schulter. „Viel Spaß auf der Klassenfahrt. Melde dich, wenn‘s Probleme gibt.“ Er verließ die Küche.
„Warum ist er so gegen die Bibel?“, fragte Tarek stirnrunzelnd. „Wir haben doch auch eine im Wohnzimmerschrank stehen.“
„Nimm ihn nicht so ernst“, sagte seine Mutter.
Tarek merkte, dass sie versuchte, die Wogen zu glätten. Aber er war froh, dass sein Vater den Satz nicht gehört hatte. Nicht ernst genommen zu werden, war etwas, das Omar Meisenbusch ganz und gar nicht ausstehen konnte. Vor allem, wenn es von der eigenen Frau kam.

Gute Ratschläge

„Okay, Füchse, wie war‘s bei euch in letzter Zeit?“, fragte Tabea, von ihren Schützlingen liebevoll „Mama Oberfuchs“ genannt, am Freitagnachmittag in der Pfadfinderstunde.
Eine nach der anderen berichtete.
„Ich wurde angespuckt“, meinte Mia sachlich.
„Oh nein!“
„Sag bloß, Stasi ist immer noch an eurer Schule!“
„Das ist widerlich!“
„Wie ekelig! Du Arme!“
„Ich kann nicht verstehen, warum so jemand überhaupt frei rumlaufen darf.“ Die Kommentare der anderen Mädchen zeigten ihr Mitgefühl und ihre Empörung über die fortwährende Schikane. Stasi war schon lange keine Fremde mehr im Team der Füchse.
„Ich stimme allem zu“, nickte Mia. „Aber, was soll man machen? Und jetzt kommt die Krönung: Ich darf auf der Klassenfahrt nächste Woche das Zimmer mit ihr teilen. Allein. Wenn ihr also irgendwelche Überlebenstipps für mich habt, immer her damit.“
„Nicht mitfahren.“
„Heimlich Zimmer tauschen.“
„Dafür sorgen, dass Stasi nicht mitfährt.“
„Eine versteckte Kamera im Zimmer aufstellen.“
„Okay. Danke. Aber das hilft mir nicht wirklich, Freunde.“ Mia schaute zu Tabea, die sich bisher zurückgehalten hatte und sehr nachdenklich aussah. „Hast du irgendwelche Vorschläge, wie ich die Woche überleben kann?“ Sie lachte trocken und fügte an: „Am liebsten würde ich für eine Woche aus meiner Haut schlüpfen und kein Christ sein. Ich korrigiere mich: für fünf Tage.“
„Um was zu tun?“, fragte die Leiterin aufmerksam.
„Um zu lügen, zu lästern und gemein zurück zu sein!“
„Um sozusagen das Gleiche zu tun wie Stasi“, fasste Tabea zusammen.
Der Satz traf Mia empfindlich.

Da bekam sie Unterstützung von Svea: „Das Leben wäre wirklich manchmal einfacher. Bei mir in der Klasse lästern alle. Und sie gucken mich richtig dumm an, wenn ich nicht mitmache. Und nicht zu lügen – also lügen kann manchmal echt hilfreich sein. Wenn man verschlafen hat, zum Beispiel, oder die Hausaufgaben vergessen hat oder so."
„Im ersten Moment scheint das wirklich manchmal der einfachste Ausweg zu sein", nickte die Leiterin. „Aber Gott sagt in der Bibel, dass jede Lüge eines Tages ans Licht kommt. Und was das Lästern betrifft, ist die Bibel auch ganz klar: Jesus will, dass wir gute Dinge übereinander sagen."
„Über Stasi gibt es nichts Gutes zu sagen. *Das* wäre dann eine Lüge!"
„Mit Gutes sagen ist auch nicht so was gemeint wie: ‚Sie ist nett' oder ‚Sie ist hübsch' oder so, sondern Gottes gute Absichten für die Person auszusprechen. Er möchte zum Beispiel, dass jeder Mensch bei ihm eine Zukunft hat. Auch dieses Mädchen, das sich so gemein verhält."
„Kurze Zwischenbemerkung", schob Mia ein. „Die Bezeichnung ‚Mädchen' trifft nicht wirklich zu."
Die anderen kicherten, aber Mia sagte: „Ist nicht böse gemeint, ist eine reine Klarstellung: Sie hat keine Freundinnen, sie hat keine Frisur und achtet einfach null auf ihr Äußeres, sie zeigt kein Mitgefühl und sie – na ja, betreibt auch keine Körperpflege. Sie macht einfach nichts, was ein Mädchen macht." *Außer, dass sie möglicherweise in Tarek verliebt ist,* schoss es Mia durch den Kopf. Sie verdrängte den Gedanken.
„Das macht es wirklich nicht gerade einfacher! Und wenn ich du wäre, würde ich tatsächlich heimlich das Zimmer tauschen oder so was. Aber ich glaube, Jesus hat was zu deiner Klassenfahrt zu sagen, speziell zu der Situation mit Stasi."
Gespannt blickten alle auf die junge Frau, die jede Woche mit ihnen in der Bibel las, ihnen aufmerksam zuhörte, mit ihnen herumalberte, Feuer machte und aus ihrem eigenen Leben mit Gott erzählte.

„In der Bibel wird von einem jungen Mann, siebzehn Jahre, berichtet, der gemein behandelt wurde. Und ich rede von *sehr* gemein. Von seinen eigenen Brüdern, aber auch von anderen. Er hätte die Möglichkeit gehabt, gemein zurück zu sein und es diesen Menschen, die ihm so viel angetan hatten, so richtig zurückzuzahlen. Er tat es nicht. Und schließlich durfte er erleben, dass Gott viel größer ist als alle Bosheit. Er machte aus dem Bösen etwas Gutes – nicht nur für Josef, von dem hier die Rede ist, sondern letztendlich für ein ganzes Volk."

„Es reicht mir schon, wenn ich einfach nur diese Klassenfahrt überlebe, ohne dass Stasi mir was antut", murmelte Mia.

„Halte dich an das, was Jesus von dir möchte. Hol dir Hilfe, wenn das nötig ist, aber zahle nicht Böses mit Bösem zurück. Okay, ich weiß, das hier ist jetzt wirklich steil, aber Jesus geht noch einen großen Schritt weiter. Er sagt in Lukas 6, dass wir das Böse mit Gutem vergelten sollen und verspricht uns dafür eine reiche Belohnung von Gott."

Mia hob abwehrend die Hände und schüttelte den Kopf. „Ich verzichte auf die Belohnung. Vielleicht schaffe ich es, ihr nicht gegen das Schienbein zu treten. Aber ihr etwas *Gutes* tun? Keine Chance. Das *geht* einfach nicht."

Wieder nickte Tabea. „Du hast recht. Und es ist gut, dass du das so klar zugibst."

„Häh?", fragte Mia verständnislos.

„Ja, ganz bestimmt. Zuzugeben, dass wir was nicht schaffen, macht es uns wesentlich leichter, die Sache Jesus zu überlassen und ihn zu bitten, uns zu helfen. Nur mit ihm können wir Dinge tun, die wir von allein nicht tun können."

„Du willst ernsthaft, dass Mia freundlich ist zu diesem ... Nicht-Mädchen?", schaltete sich Svea ein. „Und wenn sie dabei ... *ermordet* wird?"

„Das wäre ja eine tolle ‚reiche Belohnung'!", bemerkte ein anderes Mädchen spöttisch.

„Schon irgendwie. Weil ich ja dann im Himmel bei Gott wäre. Aber eigentlich wollte ich noch ein bisschen hier auf der Erde leben", sagte Mia nüchtern.

„Versuch es doch mal. Tu, was Jesus hier sagt. Bitte ihn, dir zu helfen“, forderte Tabea sie auf. „Wann ist denn die Klassenfahrt? Ich werde auf jeden Fall ganz viel für dich beten.“
„Nächste Woche ...“, seufzte Mia. „Genauer gesagt, in drei Tagen. Guckt mich noch einmal an, Freunde, bevor ich mich in meinen Untergang begebe.“
Svea sah sie mitleidig an. „Ich bin froh, dass ich nicht nächste Woche so etwas machen muss. Ich bete auf jeden Fall auch für dich.“
„Ich auch.“
„Ich auch“, echoten die anderen.
„Dann können wir direkt damit anfangen“, schlug Tabea vor.
Seltsam berührt hörte Mia den Gebeten der anderen zu. Sie beteten jeden Freitag zusammen, aber noch nie hatten wirklich alle *für sie* gebetet. Sollte sie sich wirklich auf das einlassen, was Jesus da sagte, von wegen seinen Feinden was Gutes zu tun? *Wenn die wirklich alle die ganze Woche für mich beten, vielleicht.*
„Wenn ich dir noch einen Tipp geben darf“, sagte Tabea am Ende der Stunde. „Lies jeden Tag in deiner Bibel. Das wird dir Kraft geben und dir helfen. Bibellesen ist wie essen.“
„Das kann ich höchstens heimlich machen. Sonst reißt Stasi noch die Seiten raus und nimmt sie als Klopapier.“
„Na, so schlimm wird sie es ja wohl nicht treiben“, meinte die Leiterin.
„Hat sie schon“, gab Mia zurück.
Schockiert sah die junge Frau sie an. „Ich werde beten!“, sagte sie noch einmal.
Mit einem seltsamen Gefühl ging Mia an diesem Tag von der Ranger-Wiese nach Hause. In die Sorge, wie das wohl nächste Woche werden würde, mischte sich ein klitzekleines bisschen gespannte Erwartung.
Vielleicht würde Gott ja auch ihre eigenen Gebete erhören: Dass sie doch nicht mit dem „Schulekel“ auf ein Zimmer käme. Ihr fiel etwas ein: *Sie kommt doch montags so gut wie nie in die Schule, weil sie „krank“ ist. Es kann also gut sein, dass sie auch nächste Woche ihre Montagskrankheit hat!*

In einem Zimmer

Emily meldete sich tatsächlich krank, und Stasi stand an der Bushaltestelle. Mia rutschte das Herz bis in die Schuhe. Bis zuletzt hatte sie auf ein Wunder gehofft. *Aber anscheinend hat Gott nicht vor, eins für mich zu tun.* Einziger Trost: Auf der Busfahrt saß sie neben Tarek. Sie redeten zwar nicht großartig, aber es war auf jeden Fall ein ziemlich guter Start für die Klassenfahrt, fand Mia.

Dann waren sie da. Der freundliche Herbergsvater, ein Herr Wiebe, begrüßte die Gruppe und gab ein paar Einweisungen, bei denen Mia allerdings nicht zuhörte. Bis zuletzt hoffte und betete sie, dass Gott auf wundersame Weise Stasis Gesellschaft doch noch von ihr abwenden möge.

„Anastasia Werner und Mia Wellies, ihr seid in Zimmer 305."

Mia atmete tief durch, streckte die Schultern und nahm ihren kleinen Rollkoffer. *Jetzt wird's ernst! Okay, Jesus, dann woll'n wir mal.* Sie folgte ihrer neuen Zimmernachbarin die Treppe hoch zu ihrem Zimmer. Ein Stockbett und ein Einzelbett befanden sich darin.

„Ich schlafe oben", sagte Stasi sofort.

„Wenn du willst." Mia bezog das Einzelbett. *Da ist die Chance, dass sie mir nachts ins Gesicht spuckt, kleiner.* Es dauerte nicht lange, da war sie fertig.

Stasi hatte gerade mal ihre Matratze halb bezogen. Der Rest des Bettzeugs lag auf dem Boden.

Auf einmal hatte Mia den Gedanken, ihr zu helfen. Im ersten Moment wollte sie ihn übergehen, doch dann fiel ihr plötzlich der Vers aus Lukas 6 ein. Und dass Tabea gesagt hatte, sie würde für sie beten. Und die anderen auch. Sie nahm sich das Kopfkissen und steckte es in den Bezug.

„Was machst du da?", fragte Stasi sofort.

„Ich helfe dir", erwiderte Mia. *Ich vergelte gerade Böses mit Gutem.* Wobei sie zugeben musste, dass bisher nichts Böses passiert war. Sie griff nach der Bettdecke. Ihre Mutter hatte ihr gezeigt,

wie man eine Decke allein beziehen konnte, wenn der Bezug auf links war und man mit den Händen in den oberen Ecken die Enden der Bettdecke fasste und den Bezug umdrehte. Zu zweit ging es natürlich besser, aber zur Not klappte es auch allein.
Stasi hatte mit der Matratze aufgehört und sah ihr verwundert zu. Mia legte die fertig bezogene Decke und das Kissen auf den Tisch.
Okay. Bis jetzt habe ich überlebt. Noch nicht besonders lange, aber immerhin. Sie überlegte, was sie jetzt tun sollte. Eigentlich wäre sie gern rausgegangen bis zum Abendessen, aber sie wagte nicht, ihre Sachen unbeaufsichtigt zu lassen. *Ich könnte in der Bibel lesen*, fiel es ihr ein. Das war ein bisschen ungewöhnlich, sie las sonst nie tagsüber in der Bibel, außer im Teamtreffen bei den Rangers. Aber die Situation war gerade an sich ziemlich ungewöhnlich und etwas Besseres fiel ihr nicht ein.
Ihre normale Bibel hatte sie zu Hause gelassen. Die Sorge, dass Stasi etwas Schreckliches damit machen könnte, war einfach zu groß. Stattdessen hatte sie das kleine Neue Testament, das die Leute von den Gideons ihr in der Schule geschenkt hatten, mitgenommen.
Sie schlug Lukas 15 auf, die Stelle, an der sie gestern Abend aufgehört hatte zu lesen. Es ging darum, dass alle möglichen Leute, die einen schlechten Lebenswandel hatten, zu Jesus kamen und die frommen Gelehrten sich darüber aufregten, dass Jesus mit diesem Abschaum aß.
Die Pharisäer haben es auch echt nicht gecheckt. Sollen sie sich doch lieber freuen, dass die Sünder zu Jesus kommen, dachte Mia.
Stasi hatte es geschafft, das Laken einigermaßen auf die Matratze zu spannen und kletterte herunter. Sie warf das Kissen und die Decke nach oben. „Was liest du da?“, fragte sie.
Mia fasste das kleine Buch fester. „Ich lese gerade, wie Jesus mit den Leuten geredet hat, die niemand wollte.“ *So, wie du*, fügte sie im Stillen an. Plötzlich riss sie die Augen auf. *So, wie Stasi!*
„Was ist?“, fragte Stasi.
„Nichts.“ Mia schüttelte den Gedanken ab. *Das mit Stasi ist anders. Die Zöllner und Sünder* wollten *ja zu Jesus.*

Stasi kam herüber und baute sich vor dem Bett auf. „Zeig her!“, verlangte sie.
Damit du die Seiten rausreißt? Vergiss es! Das interessiert dich sowieso nicht. Geh weg! Dass Stasi so direkt vor ihr stand, fühlte sich gar nicht flauschig an. Mit beiden Händen hielt sie das kleine Buch so fest sie konnte.
„Ich will wissen, was du liest!“, sagte Stasi.
Wenn sie merkt, dass es nicht spannend ist, zischt sie ab. Also las Mia vor: „Es kamen aber überall die Zöllner und Sünder zu ihm, um ihn zu hören.“
„Wer kam zu wem?“, unterbrach Stasi.
„Die gemeinen Leute kamen zu Jesus.“
„Und was wollten sie da?“
„Hab ich doch grad gelesen. ‚Um ihn zu hören.‘“
„Warum wollten sie Jesus hören?“
„Weil ... also ... weil ... er ... ihnen von Gott erzählte? Keine Ahnung.“
„Vielleicht kommt das noch. Lies weiter!“, forderte Stasi.
Mia hatte nicht die geringste Lust, dem „Schulekel“ aus der Bibel vorzulesen. *Es ist wie ... Da gibt es doch so eine Stelle: Perlen vor die Säue werfen.* Aber die Angst, was passieren könnte, wenn sie sich weigerte, überwog.
„Und die Pharisäer und Schriftgelehrten murrten und sagten: Dieser nimmt Sünder an und isst mit ihnen.“
„Was sind denn Pharisäer und Schriftgelehrte?“
„Das waren Leute, die ...“ Mia überlegte. *Sie hat echt keine Ahnung!* Wie sollte sie „Pharisäer“ erklären? „Also ... diese Leute ... dachten, sie wären besser als andere. Weil ... sie kannten sich gut aus in der Bibel von damals und versuchten, alles richtig zu machen. Also, so halb. Aber eigentlich haben sie nur so getan als ob. Wirklich alles richtig gemacht haben sie nicht. Das kann ja auch niemand“, versuchte Mia Begriffe zu umschreiben, die ihr selbst von klein auf völlig vertraut waren.
„Sie wollten also, dass Jesus die Gemeinen mobbt“, stellte Stasi fest.
„Doch nicht mobbt.“

„Aber sie wollten doch, dass Jesus die Zöllner ausgrenzt und nicht mit ihnen isst, zum Beispiel. Hast du doch gerade gesagt. Das ist mobben."
„Die Zöllner haben viel schlimmer gemobbt. Sie haben die Leute gezwungen, ihnen zu viel Geld zu geben", nahm Mia die Pharisäer in Schutz. „Sie haben die Menschen regelrecht erpresst!"
„Und warum hat Jesus dann mit ihnen gegessen? Hatte er keine Angst, auch von den Zöllnern gemobbt zu werden?"
Weil Mia nicht wusste, was sie dazu sagen sollte, sah sie wieder auf den Text, um weiter vorzulesen.
Da nahm sie eine Bewegung vor sich wahr, und im nächsten Moment landete Stasi neben ihr. Erschrocken keuchte Mia auf. Hastig rutschte sie vom Bett.
„Wo willst du hin?", fragte Stasi.
„Mich in Sicherheit bringen!"
Draußen auf dem Gang ertönte eine Kuhglocke und jemand rief: „Abendessen!"
Ohne ein weiteres Wort eilte Mia aus dem Zimmer, die kleine Bibel noch in der Hand.
Auf dem Gang traf sie ihre Mitschüler, die besorgt hinter ihr hersahen. „Wo ist Stasi?", fragte jemand.
Mia gab keine Antwort. Sie rannte förmlich in den Speisesaal, den Schreck noch in den Knochen.
Vor der großen Glastür traf sie mit Tarek und seinen Zimmernachbarn zusammen.
„Hey, wie geht's dir?", wollte Tarek wissen.
Mia warf einen Blick über die Schulter und stieß die Luft aus. „Stasi hat mich gerade furchtbar erschreckt", fing sie an. Doch dann stockte sie. *Sie ist neben mich auf mein Bett gesprungen, um mit mir in der Bibel zu lesen* – diese Erklärung war nicht gerade einleuchtend für ihren Schrecken.
Sofort war sie von ein paar anderen Mitschülern umringt. „Was hat Stasi gemacht?"
Mia schüttelte den Kopf. „Nichts. Also, nichts Schlimmes." Durch die geöffnete Tür sah sie ihre Zimmernachbarin den Gang entlangkommen.

„Sie kommt!“, zischte jemand, und die Gruppe löste sich augenblicklich auf. Hastig nahmen die Schüler an den Tischen Platz, dringend darauf bedacht, nur ja nirgendwo einen Stuhl freizulassen. Das Ergebnis war, dass Stasi ganz allein an einem Tisch sitzen musste. Die Lehrer taten so, als bemerkten sie es nicht.
Mia versuchte, nicht zu Stasi herüberzusehen. Nur einmal schaute sie versehentlich in die Richtung. *Natürlich genau in dem Moment, wo sie zu mir guckt. Wobei, wahrscheinlich starrt sie mich eh die ganze Zeit an.*
Sie konzentrierte sich wieder auf das Gespräch bei ihr am Tisch, was nicht schwierig war, zumal Tarek ihr schräg gegenübersaß.
Da sie auf ihrer Flucht ihr Neues Testament mitgenommen hatte und es während des Essens irgendwo verwahren musste, legte sie es neben ihren Teller.
„Warum hast du deine Bibel mit zum Essen gebracht?“, wunderte sich Louis.
„Ich hab gerade darin gelesen, als – ich aus dem Zimmer ging.“
„Cool“, nickte Tarek.
„Ich weiß nicht mal, wo ich meine hingetan habe“, bemerkte Louis gleichmütig.
„Ich auch nicht“, sagte Tobias, der auch noch mit am Tisch saß.
„Pass bloß gut drauf auf!“, warnte Tarek leise und deutete einen Blick über die Schulter an.
„Das habe ich vor“, nickte Mia.
Stasi stand auf. Ihr Teller war noch halb voll, aber sie brachte ihn auf den Wagen, auf den das schmutzige Geschirr kam, und verließ den Speisesaal.
Beunruhigt sah Mia ihr hinterher. *Hoffentlich geht sie nicht an mein Zeug, wenn sie allein im Zimmer ist!*
„Hat von euch jemand Lust, nachher noch zu kickern? Im Keller steht einer“, fragte Louis da.
„Ich bin dabei“, sagten die beiden anderen Jungen sofort.
Mia war hin- und hergerissen. Einerseits hatte sie schon Lust auf Tischfußball, vor allem, wo Tarek mitmachte, aber sie wollte ihre Sachen auch nicht unbeaufsichtigt lassen. Sie stellte sich die schlimmsten Dinge vor: Zahnpasta im Bett, eingeweichte Wäsche, ihr Handtuch in der Toilette ... Wer nicht davor zurück-

schreckte, sich den Hintern mit Seiten aus der Bibel abzuputzen, der schreckte vor gar nichts zurück, war sie sich sicher.
„Los, Mia. Einen brauchen wir noch“, sagte Louis. Er grinste. „Du kannst auch mit Tarek spielen.“
Mia wurde rot. „Und wenn ich nicht mit ihm spielen will?“, sagte sie schnell und tat eingeschnappt.
„Okay, dann ist das also geklärt“, meinte Tobias und stand auf. „Let‘s go, bevor jemand anderes spielt.“
Die vier brachten ihr Geschirr weg. „Ich hoffe nur, dass mein Zimmer nicht verwüstet ist, wenn ich wiederkomme“, murmelte Mia. Bis zur Abendveranstaltung war noch etwas Zeit (vorausgesetzt, Stasi würde überhaupt daran teilnehmen), und in einer halben Stunde konnte viel schiefgehen.
Doch kurz darauf gesellte sich Stasi zu ihnen in den Keller.
Mia griff gerade in den Spielkasten, um den Ball in die Mitte zu legen, als ihre Zimmernachbarin den Raum betrat.
Mia vergaß, ihre Hand rauszunehmen. Tobias, der nicht damit gerechnet hatte, dass sie nicht sofort weiterspielen würde, schlug seine Spielstange mit voller Wucht nach links.
„Au!“, schrie Mia auf.
„Was lässt du auch deine Hand auf der Spielfläche!“, lachte Tobias, der ihren Schrei erst nicht so ernst nahm.
Mia hielt sich die Finger ihrer rechten Hand. „Ich glaube, da ist was gebrochen“, sagte sie gequält und hielt die linke schützend darüber.
„Zeig“, meinte Louis.
Vorsichtig gab sie ihre verletzte Hand frei. Der Ringfinger war bereits angeschwollen.
„Oh, das tut mir leid!“, sagte Tobias.
„Das musst du sofort kühlen“, riet Tarek. „Geh am besten zu Frau Liebknecht.“
„Oder zu Herrn Wiebe. Er ist echt nett. Er ist im Shop bei der Anmeldung.“
„Dann kann ich ja für Mia spielen“, kam Stasis Vorschlag.
Doch plötzlich hatten die Jungs keine Lust mehr auf Tischkicker. Da Mia nicht wusste, wo ihre Lehrerin war, ging sie mit Tarek, Tobias und Louis zum Shop.

„Wirst du dich abholen lassen?“, fragte Tarek.
Überrascht sah Mia ihn an. Daran hatte sie gar nicht gedacht. Aber es wäre tatsächlich eine Gelegenheit. „Mal sehen.“
Der Herbergsvater besah sich den Finger. „Autsch!“, sagte er mitleidig. Er holte bei seiner Frau aus dem Kühlschrank ein Kühlpäckchen und Mia durfte sich zum Trost was aus dem Shop aussuchen. Woraufhin Tobias meinte: „Vielleicht sollte ich mir auch den Finger verstauchen.“
Inzwischen erschien auch Frau Liebknecht auf der Bildfläche. „Stasi sagte, du hättest dich verletzt, Mia?“
Stasi hat ihr das gesteckt? Mia zeigte der Lehrerin ihren Finger. Die beriet sich mit dem Hausvater, ob Mia zum Arzt müsse.
Aber Herr Wiebe, der in seiner langen Laufbahn als Hausvater schon so einige lädierte Finger gesehen hatte, meinte, dass man erstmal abwarten könne. Kühlen, schonen und eine Nacht drüber schlafen, war seine Devise.
Also wurde der Kicker durch ein Gesellschaftsspiel ersetzt, während Mia kühlte und schonte. Allmählich ließ der Schmerz tatsächlich nach. Bis sie ein paar Stunden später auf dem Weg die Treppe hoch stolperte und Stasi nichts Besseres zu tun hatte, als auf den verletzten Finger zu treten ...
„Au!“, schrie Mia auf. Der Schmerz war noch stärker als da, wo Tobias sie versehentlich angeschlagen hatte. Es tat so weh, dass ihr die Tränen in die Augen schossen.
Von weiter unten hörten sie die Stimme der Lehrerin: „Was ist da oben los?“
„Stasi hat auf meinen verstauchten Finger getreten!“, stieß Mia hervor.
„Hab ich gar nicht!“, verteidigte Stasi sich sofort.
„Sag mal, tust du nur so, oder kriegst du‘s wirklich nicht mit?“, fragte Mia fassungslos.
Stasi ignorierte sie und ging weiter nach oben. Mia drehte um und lief die Treppe wieder runter. *Ich werde Frau Liebknecht sagen, dass sie Mama anrufen soll, dass sie mich abholt.*
Ihr Finger tat scheußlich weh, und die Aussicht, die Nacht im gleichen Zimmer wie ihre Folterin zu verbringen, war auf einmal so furchteinflößend, dass Mia alle guten Vorsätze vergaß.

Die Lehrerin überließ ihr bereitwillig ihr Handy, um zu Hause anzurufen.
Doch ihre Mutter war nicht halb so bereitwillig wie Frau Liebknecht.
„Das hat sie bestimmt nicht mit Absicht gemacht“, versuchte sie, ihre Tochter zu beruhigen.
„Mama, sie hat doch gesehen, dass meine Hand da auf der Treppe war. Sie hatte mitbekommen, dass ich mir den Finger verletzt habe. Und was macht sie? Drauftreten! Dabei war auf der ganzen Stufe Platz für ihre Füße!“
„Ist der Finger denn gebrochen?“, wollte ihre Mutter wissen.
„Wohl nicht. Aber es tut auch so genug weh.“
„Blutet er schlimm?“
„Nein. Jedenfalls nicht nach außen. Nach innen wohl schon. Er ist ganz blau.“
„Kannst du ihn noch bewegen?“
„So gaaaaaanz vorsichtig geht es. Wenn ich ihn nicht zu weit runterdrücke.“
„Dann kühlst du ihn heute Nacht und passt auf, dass du im Schlaf mit der Hand nicht irgendwo gegen schlägst ...“
„Wie soll ich das denn machen, wenn ich schlafe?“, unterbrach Mia.
„Zieh dir ein paar Socken drüber, dann ist er geschützt“, riet ihre Mutter. „Lass dir von den Hauseltern eine Paracetamol geben. Die haben bestimmt was. Das wird dir helfen zu schlafen. Ich schreibe das Frau Liebknecht nochmal als SMS, damit sie es schwarz auf weiß hat.“
„Das heißt, du holst mich nicht ab?“, fragte Mia resigniert.
„Heute Abend nicht. Ich stufe die Lage nicht als so ernst ein. Über Nacht wird mit deinem Finger nichts passieren, ...“
„Das weißt du nicht“, murmelte Mia.
„... und wenn es morgen wirklich schlimmer sein sollte, dann meldest du dich nochmal.“
„Hm, hm“, machte Mia und gab das Handy zurück.
„Sie kommt nicht?“, fragte Frau Liebknecht.
Mia seufzte. „Nein, sie ‚stuft die Lage nicht als so ernst ein‘. Ich soll eine Paracetamol nehmen und kühlen.“

„Hast du eine mit?“
„Nein. Meine Mutter schreibt Ihnen deswegen eine SMS. Ich soll mir von den Hauseltern eine geben lassen. Die hätten bestimmt eine.“
Frau Liebknecht sah auf ihr Handy und nickte. „Ich kann dir auch eine geben“, sagte sie und nahm Mia mit zu ihrem Zimmer. „Du schaffst das schon“, versuchte sie, ihre Schülerin unterwegs aufzumuntern. „Ich besorge dir nochmal ein frisches Kühlpack, und morgen geht es dir bestimmt besser.“
Frau Liebknecht hatte ein Zimmer ganz für sich allein, und Mia hätte alles gegeben, um mit ihr zu tauschen.
Ihr Finger pochte wie verrückt, *und ich darf auch noch die ganze Nacht wach bleiben, um aufzupassen, dass mir nicht noch was Schlimmeres passiert.* „Wollen wir vielleicht die Zimmer tauschen?“, fragte sie kläglich.
Einen Moment sah Frau Liebknecht sie verständnisvoll an. „Du schaffst das schon“, sagte sie dann noch einmal.
Die Lehrerin hat mehr Mitgefühl als die eigene Mutter, dachte Mia als sie mit einer Tablette und einem frischen Kühlakku auf dem Weg zu Zimmer 305 war.
Stasi lag beziehungsweise saß schon im Bett. Sie futterte eine Tüte Chips.
Kein Wunder, wenn man die Hälfte des Essens wegschmeißt. Mia sah, dass sie am Handy war. *Sie hat ihr Handy doch abgegeben, wie die anderen auch. Na ja, solange sie dadurch von mir abgelenkt ist, soll es mir egal sein.* Sie selbst hatte kein Handy. Ein paar ihrer Mitschüler ebenfalls nicht, aber die allermeisten besaßen bereits ein Smartphone.
Wortlos machte Mia sich bettfertig. Das war gar nicht so einfach, wenn man dabei auf einen verletzten Finger Rücksicht nehmen musste. Außerdem gefiel es ihr nicht, dass Stasi sie beobachtete. Schließlich hatte Mia es geschafft und stieg in ihr Bett. Zu Hause hatte sie ein Einschlafritual: Sie las noch in ihrer Bibel und betete. Dabei dankte sie Gott für zehn Sachen, sagte ihm, was sie beschäftigte und bat ihn um Vergebung, wenn ihr etwas einfiel, das nicht in Ordnung gewesen war. Dann versuchte sie, sich nochmal

an das zu erinnern, was sie gerade in der Bibel gelesen hatte. Aber die Angst, dass Stasi wieder auf ihr Bett springen würde, ließ sie ihre Bibel einfach unter ihr Kopfkissen legen.
Sie war müde, wagte aber nicht zu schlafen, solange Stasi noch wach war. Das Rascheln und Knistern von ihrer Chipstüte war außerdem keine gute Einschlafmusik. Sie konnte noch nicht mal in Ruhe ihr Nachtgebet sprechen.
Endlich war die Tüte leer. Mia hatte erwartet, dass ihre Zimmernachbarin jetzt ans Waschbecken gehen und sich zumindest die Zähne vor dem Schlafengehen putzen würde, doch nichts dergleichen geschah. Sie machte einfach das Licht aus und legte sich hin.
Mia gähnte. *So, wie es aussieht, wird sie jetzt schlafen.* Das hieß, sie konnte ebenfalls die Augen zumachen.
Sie begann mit dem Danken. Aber heute fiel es ihr schwer. *Außer, ich danke für all die schlechten Sachen: Dass ich mit Stasi auf einem Zimmer bin, dass ich mir den Finger verstaucht habe, dass Stasi draufgetreten ist, dass Mama mich nicht abholt ...* Weil ihr nichts anderes einfiel, ging sie zum Bitten über: *Du siehst, dass ich mit Stasi auf einem Zimmer bin, dass ich mir den Finger verstaucht habe, dass Stasi draufgetreten ist, dass Mama mich nicht abholt ... Bitte hilf mir mit all diesen Sachen.* Auf einmal fiel ihr ein, dass die aus dem Mädchenkreis versprochen hatten, für sie zu beten. *Und danke, dass ich Freunde habe. Im Gegensatz zu Stasi. Und dass ich beim Essen nicht allein am Tisch sitzen musste. Und dass der Finger nur verstaucht ist.* Wobei sie nicht sicher war, ob sie dafür danken sollte. *Wenn er gebrochen wäre, hätte Mama mich wahrscheinlich abgeholt.*
Da sie nichts mehr in der Bibel gelesen hatte, hatte sie nichts, an das sie sich zu erinnern versuchen konnte.
Das, was ich Stasi vorgelesen habe, gilt nicht.

Platz am Tisch

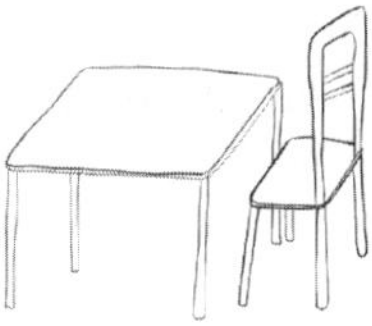

Tarek erwartete, dass Mia nach dem Kicker-Unfall gestern nach Hause gefahren war, froh über einen *wahren* Grund, nicht mit dem „Schulekel“ das Zimmer teilen zu müssen. Ihre Ehrlichkeit brachte ihn echt zum Nachdenken. *Sie ist wirklich ziemlich tapfer.* Er wäre nicht so mutig, eine Woche allein mit einem Ekel auf einem Zimmer zu sein.
Sie hatte nicht erzählt, was vor dem Abendessen Schreckliches vorgefallen war. Aber allein die Tatsache, dass sie ihre Bibel mit an den Tisch genommen hatte, um sie vor ihrer Zimmernachbarin zu schützen, sprach schon Bände, da war er sich sicher.
Zu dumm, dass Stasi beim Kickern dazugekommen ist. Sonst hätte Mia ihre Finger nicht vor Schreck zwischen den Stangen gelassen. Es hatte echt Spaß gemacht, mit ihr zu kickern. Wenigstens hatte sie noch ein paar Runden Uno und Ligretto mitgespielt. Tarek hatte für sie die Karten gemischt, weil sie das mit einer Hand nicht geschafft hatte.
Louis hatte ihn die ganze Zeit bis zum Schlafengehen damit aufgezogen. „Ihr wärt so ein schönes Paar“, hatte er gegrinst. „Wenn ich ihr irgendwas von dir mitteilen soll, sag Bescheid. Ich kriege das hin.“
„Wenn es irgendwas gibt, was ich ihr mitteilen will, kann ich das allein“, hatte Tarek geantwortet.
„Aber warte nicht zu lange“, war Louis‘ Rat gewesen. „Mädchen müssen wissen, woran sie sind.“
Tut so, als wäre er der Beziehungs-Pro.
„Du sagst ihnen, wenn du sie liebst, und du sagst ihnen, wenn du sie nicht mehr liebst. Das schafft von vornherein klare Verhältnisse.“
„So wie bei dir und Camilla?“, hatte Tarek spöttisch gefragt. Auf Tipps von jemandem, der es nur drei Wochen in einer Beziehung schaffte, konnte er verzichten. Außerdem nervte es ihn, dass Louis ihn nicht einfach in Ruhe ließ.

Echt schade, dass sie den Rest der Woche nicht dabei ist, dachte Tarek, als er mit seinen beiden Zimmernachbarn den Speisesaal betrat. Umso überraschter war er, als kurz darauf Mia ebenfalls erschien. Ohne nachzudenken, hob Tarek einen Arm und rief: „Mia, hier ist noch Platz!“
Was ihm ein Grinsen und ein Geraunte „Sehr gut machst du das“ von Louis einbrachte.
Mia kam herüber. Wieder hatte sie ihre kleine Bibel dabei. Sie setzte sich auf den freien Stuhl neben Tarek.
Das Buch muss ihr wirklich sehr wichtig sein, dass sie es überall mit hinnimmt, überlegte er.
„Wie geht‘s deinem Finger?“, erkundigte sich Tobias.
„Besser.“
„Wo ist Stasi?“, fragte Tarek.
„Sie schläft noch.“
Louis grinste. „Mit ein bisschen Glück schläft sie so lange, dass sie das Frühstück verpasst. Hat sie was Schlimmes gemacht in der Nacht?“
„Nein, hat sie nicht“, gab Mia zurück und versuchte, ihr Brötchen aufzuschneiden. Ohne den Ringfinger und mit dem stumpfen Messer des Landschulheims war das ziemlich mühsam.
Zwei Hände griffen gleichzeitig danach, um ihr zu helfen: eine von Tarek und eine von Tobias.
Mia musste lachen. „Okay, jeder schmiert eine Hälfte. Bitte einmal mit Marmelade und einmal mit Honig.“
Tobias war schnell fertig, aber Tarek achtete darauf, dass Butter und Erdbeermarmelade wirklich die ganze Brötchenhälfte bedeckten.
Da flüsterte Louis. „Das Ekel kommt.“
Tarek sah auf.
Stasi ließ ihren Blick durch den Speisesaal schweifen auf der Suche nach einem freien Platz.
„Wie schade, dass schon alle Tische voll sind“, sagte Louis leise und grinste.
Stasi holte sich von der Theke etwas zu essen. Auf dem Rückweg steuerte sie auf Tareks Tisch zu.

Was kommt jetzt? Auch die anderen drei waren sofort in Alarmbereitschaft.
Doch Stasi sagte nur zu Mia: „Bei Jesus am Tisch wäre Platz gewesen“ und ging zu einem Tisch, an dem niemand saß.
„Was faselt die?“, wunderte sich Louis.
Mia hatte einen roten Kopf bekommen.
„Lass dich von der nicht runtermachen“, meinte Tobias.
Tarek war Mias plötzlich veränderte Gesichtsfarbe ebenfalls nicht entgangen, aber er hatte das Gefühl, dass das „Schulekel“ ausnahmsweise mal nicht gemein war, sondern ihre Worte einen anderen Sinn hatten. „Warum sagt Stasi so was?“, wollte er wissen.
Mia schloss einen Moment die Augen.
„Wie kommt denn ausgerechnet die auf Jesus?“, fragte nun auch Louis.
Mia öffnete die Augen und stieß die Luft aus. „Okay, Leute. Gestern Abend, bevor ich zum Abendessen gerannt kam, habe ich in der Bibel gelesen, weil ich Langeweile hatte. Stasi wollte wissen, was ich lese. Weil ich ihr auf keinen Fall meine Bibel geben wollte – aus bekanntem Grund –, habe ich ihr vorgelesen, wie Jesus mit Leuten gegessen hat, die gemein waren, zum Beispiel die Zolleinnehmer, die voll die Betrüger waren und deswegen von allen gehasst wurden.“
Während Louis und Tobias verständnislos dreinsahen, nickte Tarek langsam. „Ach so. Jetzt verstehe ich, was sie meint. Sie fühlt sich wie die Leute früher, die von den anderen geächtet waren, außer von Jesus.“ Nachdenklich sah er Mia an. „Meinst du wirklich, Jesus hätte mit Stasi gegessen?“
Mia zuckte die Schultern. „Kann sein“, sagte sie unverbindlich und biss in ihr Brötchen.
Tarek war nicht zufrieden mit der Antwort. „Zeig mir, wo das steht, was du ihr vorgelesen hast.“
„Ihr wollt doch nicht ernsthaft jetzt in der Bibel lesen?“, sagte Louis abgeschreckt. „Wir sind hier nicht in der Kirche!“
Mia schien ebenfalls nicht scharf darauf zu sein, aber sie schlug das kleine Buch auf und blätterte darin. „Hier“, sagte sie, zeigte

mit dem Finger auf eine Stelle auf der Seite und schob Tarek die Bibel hin.

„Es kamen aber überall die Zöllner und Sünder zu ihm, um ihn zu hören. Und die Pharisäer und Schriftgelehrten murrten und sagten: Dieser nimmt Sünder an und isst mit ihnen.“ Tarek spürte, wie die Worte ihn in ihren Bann zogen, so, wie im Unterricht letzte Woche, als er angefangen hatte, in dem kleinen Buch zu lesen.

„Er sagte aber zu ihnen dies Gleichnis: Wer von euch, der hundert Schafe hat und eins von ihnen verliert, lässt nicht die neunundneunzig in der Wüste und geht dem verlorenen nach, bis er‘s findet?“

„Und geht dem verlorenen nach, bis er‘s findet.“ Der Satz ging ihm auf seltsame Weise unter die Haut. Er merkte nicht, wie er von der Person an dem Einzeltisch beobachtet wurde, während er weiterlas:

„Und wenn er‘s gefunden hat, so legt er sich‘s voll Freude auf die Schultern. Und wenn er heimkommt, ruft er seine Freunde und Nachbarn und sagt zu ihnen: Freut euch mit mir; denn ich habe mein Schaf wiedergefunden, das verloren war. Ich sage euch: So wird auch Freude im Himmel sein über einen Sünder, der umkehrt, mehr als über neunundneunzig Gerechte, die die Umkehr nicht nötig haben.“

„Kann ich meine Bibel wiederhaben?“, riss Mias Stimme ihn aus seinem Lesefluss. „Ich will jetzt aufstehen.“

Tarek reichte ihr widerstrebend das Büchlein. *Zu dumm, dass ich meins nicht mitgenommen habe. Hier hätte ich gut darin lesen können, ohne dass Papa es merkt.* Vielleicht konnte Mia es ihm später nochmal ausleihen. Er schaute ihr nach, wie sie den Speisesaal verließ. Ihre langen dunkelblonden Haare schaukelten von links nach rechts beim Gehen. *Ich frage mich, ob sie auch Stress mit ihrem Vater kriegt, wenn sie in der Bibel liest. Wahrscheinlich eher nicht.*

Er sah, wie das „Schulekel“ ebenfalls aufstand. *Oh nein, hoffentlich lässt Stasi Mia im Zimmer in Ruhe!*

Doch Stasi verließ nicht den Speisesaal. Sie nahm ihr Glas und ihren Teller samt Messer und kam zu seinem Tisch. Dort stellte sie, ohne etwas zu sagen, ihr Geschirr auf Mias Platz, zog den Stuhl heraus und setzte sich.
Entgeistert starrten die drei Jungs sie an. Louis erholte sich als Erster. „Ich muss mal“, murmelte er und stand auf.
„Ich auch“, meinte Tobias schnell und beeilte sich ebenfalls, den Platz zu räumen.
Bevor Tarek etwas sagen konnte, fragte Stasi: „Warum hast du eben in der Bibel gelesen?“
„Weil ... es spannend ist.“
„Was hast du gelesen, das so spannend war?“, wollte das „Schulekel“ wissen.
Tarek war so überrumpelt, dass er Auskunft gab, ohne darüber nachzudenken: „Ein Mann hatte ein Schaf verloren. Er hat so lange gesucht, bis er‘s wiederhatte.“
„Voll *spannend*!“, ätzte Stasi. „Ich kriege schon fast Gänsehaut.“
Ihr spöttischer Ton trampelte das seltsame Gefühl, das Tarek beim Lesen empfunden hatte, zu Boden.
„Fass Mias Bibel nicht an“, sagte er nur und stand auf.
„Sonst was?“, fragte Stasi mit einem listigen Funkeln in den Augen.
Ja, sonst was? „Wer ein heiliges Buch kaputt macht, wird bestraft“, gab Tarek zurück. Das nahm er zumindest an. Hastig verließ er nun seinerseits den Speisesaal.

Ein schlechtes Gewissen

Eigentlich hätte Mia gern noch länger gefrühstückt, aber Stasi allein an ihrem Tisch zu sehen, verdarb ihr den Appetit. Sie fühlte sich ... überführt.
„Bei Jesus am Tisch wäre Platz gewesen." Stasi hat anscheinend doch voll gecheckt, worum es gestern ging, als ich ihr vorgelesen habe. Vielleicht sogar mehr als ich. Diese Erkenntnis war nicht gerade angenehm.
Überhaupt hatte sie zunehmend das Gefühl, dass Tabeas Gebete Dinge bewirkten, die in eine Richtung gingen, für die Mia nicht bereit war.
Sie hatte nicht die geringste Lust gehabt, den Jungs zu erzählen, worum es bei Stasis Ausspruch ging, dass bei Jesus am Tisch noch Platz gewesen wäre. Erstaunlicherweise hatte Tarek sofort den Zusammenhang gecheckt, nachdem sie ihm von der Begebenheit, die im Lukasevangelium berichtet wurde, erzählt hatte.
Und was mache ich jetzt? Muss ich mich jetzt etwa zu ihr an den Tisch setzen?, dachte Mia aufgewühlt. *Sie wird mich anspucken und sonst was machen. Eigentlich hätte sie sich mal entschuldigen sollen, weil sie mir auf den Finger getrampelt ist!*
„Jesus sagt, wir sollen Böses mit Gutem vergelten", kamen ihr Tabeas Worte in den Sinn.
Ich habe ihr gestern schon geholfen, das Bett zu beziehen, rechtfertigte sie sich.
Ich könnte mich das nächste Mal zu ihr an den Tisch setzen. So, wie Jesus, sagte ein anderer Gedanke.
Hätte ich doch bloß den Rangers nichts erzählt!
Sie putzte die Zähne und packte ihr Lunchpaket und ihre Trinkflasche in ihren Rucksack. Wieder war sie hin- und hergerissen zwischen auf-ihre-Sachen-aufpassen und Stasi-aus-dem-Weggehen.
Sie hatte gerade beschlossen, ein Ersatzhandtuch, Ersatzwäsche und ihre Bibel unter der Matratze zu verstecken und unten zu

warten, bis es zur Höhlenbesichtigung losging, als sich die Tür öffnete.
„Was machst du da?“, fragte Stasi sofort. Mit wenigen Schritten war sie bei ihr, schnappte sich das kleine Neue Testament und schlug es auf.
Mia sprang auf und griff nach dem Buch. „Gib sofort meine Bibel zurück!“
„Erst will ich sehen, was Tarek so spannend fand“, gab Stasi ungerührt zurück.
Mia bekam das Büchlein zu fassen und zerrte daran. Ein reißendes Geräusch erklang.
„Du hast meine Bibel zerrissen!“, schrie Mia.
„Lügnerin! Du hast sie selber zerrissen!“ Stasi warf das Buch in Richtung Mias Bett, aber es landete auf dem Fußboden. „Wer ein heiliges Buch kaputt macht, wird bestraft!“ Sie schubste Mia nach hinten und stürmte aus dem Zimmer.
Eine aufgewühlte Mia blieb zurück. *Sie ist so gemein! Warum kann sie mich nicht einfach in Ruhe lassen? Stattdessen vergreift sie sich an meinen Sachen! Es ist schrecklich mit ihr!*
Sie hob die Bibel auf und setzte sich auf ihr Bett. *Wenn sie ihre eigene Gideon-Bibel nicht haben will, ist das ihre Entscheidung. Aber einfach meine kaputt zu machen! Und dann noch in voller Absicht!* Mit zitternden Fingern strich sie die Seiten glatt. Vier davon waren eingerissen.
Es war keine Absicht, sagte eine leise Stimme in ihr. *Wenn ich ihr das Buch gelassen hätte, statt es ihr aus der Hand zu reißen, wäre das nicht passiert.*
Mia wollte diese Gedanken nicht denken. *Dann wäre noch etwas ganz anderes passiert!*, konterte sie.
Stimmt. Was wäre wohl passiert?
Sie hätte die Bibel komplett zerstört!
Aber die Wahrheit in ihrem Herzen war stärker, und sie musste zugeben, dass sie Stasi nicht die Schuld für die zerrissenen Seiten geben konnte. Jedenfalls nicht, wenn sie ehrlich war. *Ich habe sie falsch beschuldigt.*

Frustrierte Tränen begannen in ihren Augen zu brennen. *Sie ist einfach furchtbar, Gott! Und ich will nicht mit ihr auf dem Zimmer sein!*
Auf einmal fiel ihr wieder ein, was Stasi gesagt hatte, bevor sie ihr die Bibel aus der Hand gerissen hatte: *„Erst will ich sehen, was Tarek so spannend fand.“*
Wenn ich Stasi die Bibel gelassen hätte, hätte sie darin gelesen. Dann wäre sie jetzt noch ganz.
Mia stützte den Kopf in die Hände. *Gott, bitte hilf mir!*
Es klopfte an ihrer Tür.
„Ja?“
Frau Liebknecht steckte den Kopf herein. „Wir warten alle auf dich. Oder gibt‘s Probleme?“
Ja! Aber nicht solche, wie Sie meinen. „Nein. Ich komme.“ Eilig stand Mia auf. Den Bruchteil einer Sekunde sah sie auf die Bibel in ihrer Hand, dann legte sie das Buch gut sichtbar auf ihre Nachtkonsole. Zusammen mit der Lehrerin ging sie nach unten.
„Wie geht‘s deinem Finger?“, erkundigte sich Frau Liebknecht.
„Besser.“
„Na, da bin ich aber froh!“ Nach einer kurzen Pause fragte die Lehrerin: „Gab‘s bisher irgendwelche ... Zwischenfälle?“
Mia schüttelte den Kopf. Sie spürte Frau Liebknechts prüfenden Blick.
„Sicher?“
„Stasi hat nichts Gemeines gemacht“, erwiderte Mia ohne große Begeisterung.
Frau Liebknecht schien nicht ganz überzeugt von der Antwort. „Wenn irgendetwas vorfallen sollte, sag bitte Bescheid!“
„Mach ich“, nickte Mia.
„Auch endlich da?“, rief Louis, als sie sich der Gruppe näherten. Stasi stand etwas abseits.
Ich sollte mich bei ihr entschuldigen. Aber alles in Mia sträubte sich. Mit gesenktem Kopf ging sie zu ihrer Klasse.
Herr Heinrich pfiff einmal kurz auf seinen Fingern. „Okay, dann wären wir so weit. Wir folgen jetzt dem Wanderzeichen mit den zwei weißen Balken bis zur Burg Hohendorf. Das ist ein Weg

von etwa zweieinhalb Stunden. Dort machen wir Picknick und anschließend besichtigen wir gemeinsam die Tropfsteinhöhle."
Die Gruppe setzte sich in Bewegung. *Wäre Emily doch bloß mitgekommen! Dann hätte ich wenigstens jemanden, mit dem ich gehen könnte!* Zu den anderen Mädchen hatte Mia überhaupt keinen Draht.
Ich sollte mich bei Stasi entschuldigen. Unbewusst schüttelte sie den Kopf. Sie hatte das Gefühl, dafür eine Mauer überspringen zu müssen, die ihr zu hoch war. Sie beeilte sich, weiter nach vorne zu gelangen zu Louis, Tarek und Tobias – weg von Stasi.
„Musstest du noch kacken oder warum bist du so spät gekommen?", wollte Louis wissen.
„Ich hatte einen Streit mit Stasi", sagte Mia. Was ja auch stimmte. Sollten die anderen denken, sie wäre ein Opfer gewesen. Was nicht stimmte. *Meine Bibel ist das Opfer gewesen.*
Sofort fragten Tobias und Louis sensationsgeil: „Was hat sie gemacht?"
Mia gab keine Antwort.
„Nun sag schon, was ist passiert?"
„Lasst sie in Ruhe!", kam es von Tarek.
Louis grinste und schlug ihm auf die Schulter. Tarek warf ihm einen genervten Blick zu. Wobei sich Mia nicht erklären konnte, warum. *Echt nett, dass er zu mir hält.* Ihr fiel wieder ein, dass Stasi gesagt hatte, dass sie sehen wollte, was Tarek in der Bibel so spannend gefunden hatte.
„Was hast du eigentlich beim Frühstück noch gelesen, was so spannend war?", fragte sie.
Tarek zuckte die Schultern. „War vielleicht doch nicht so spannend."
„Stasi sagt, du hättest was spannend gefunden", gab Mia zurück.
Tarek trat gegen ein Ästchen. „Sie fand es jedenfalls nicht spannend."
„Du hast ihr davon erzählt?", wunderte sich Mia. Vielleicht hätte sie doch am Frühstückstisch bleiben sollen.
Wieder zuckte Tarek die Schultern. Jetzt war Mia wirklich neugierig. „Was hast du ihr erzählt?", bohrte sie.
„Ach, diese Geschichte von einem Mann mit seinen Schafen.

Eins geht ihm verloren und er sucht es, bis er es wieder hat. Darüber freut er sich riesig."
In Mias zerknittertem Herzen blitzte etwas auf, wie das Funkeln eines Edelsteins. Sie begann zu lächeln. „Das ist wirklich eine coole Geschichte, die Jesus da erzählt hat."
„Du kennst sie?", fragte Tarek erstaunt. „Warum hast du nie was davon gesagt?"
Jetzt war es Mia, die verwundert war. „Wann hätte ich denn davon erzählen sollen?"
„Keine Ahnung. In den Pausen in der Schule, gestern beim Abendessen ... irgendwann halt. Kann ich mir deine Bibel mal ausleihen, wenn wir heute Abend wieder zurück sind?"
„Klar." Tarek das Neue Testament in die Hand zu geben, machte ihr überhaupt keine Probleme.
„Es sind allerdings ein paar Seiten eingerissen."
„Weil ich sie zerfetzt habe", sagte eine zynische Stimme hinter ihnen.
Ohne dass sie es gemerkt hatten, war Stasi herangekommen.
„Du hast Mias Bibel zerrissen?", fragte Tarek entsetzt.
Mia schloss einen Moment die Augen. „Nein, hat sie nicht. Ich wollte sie Stasi aus der Hand nehmen, dabei ist das passiert."
Das „Schulekel" starrte sie mit offenem Mund an. „Du hast doch gesagt, ich wäre schuld!"
„Ja, habe ich. Aber es war falsch. Es tut mir leid. Wenn ich dich einfach darin lesen gelassen hätte, wäre das nicht passiert." Mia beeilte sich, weiterzugehen. Tarek ebenfalls. *Ich habe es gesagt!* Sie war furchtbar erleichtert. Stasi blieb zurück.
„Darfst du zu Hause in der Bibel lesen?", fragte Tarek nach einer Weile.
„Klar. Warum nicht?"
„Nur so", sagte Tarek mit einem Achselzucken.
Mia hatte das Gefühl, dass mehr hinter seiner Frage steckte, aber da wurden sie von ein paar anderen eingeholt und das Gespräch wandte sich anderen Dingen zu, es wurden Witze erzählt und rumgealbert.
Mia ahnte nicht, dass ihr das Lachen am heutigen Tag noch gründlich vergehen würde.

In der Burg

Sie brauchten wesentlich länger für den Weg, und es blieb keine Zeit mehr, vor der Burgführung zu picknicken. Die Höhlentour schloss sich daran an, und da nach ihnen bereits eine andere Gruppe angemeldet war, konnte die ganze Aktion auch nicht nach hinten geschoben werden.
„Wer nochmal zur Toilette muss, dann bitte jetzt!“ Frau Liebknecht klatschte in die Hände, um die Aufmerksamkeit der Schüler zu bekommen.
Nach der stundenlangen Wanderung mussten tatsächlich einige. Tarek ging vorsichtshalber auch. Auf keinen Fall wollte er riskieren, etwas von der Tour zu verpassen.
Während sie vor den Sanitäranlagen warteten, lief dort ein kleines Mädchen herum. Es war sehr zutraulich und ließ sich bereitwillig auf den Arm nehmen.
Da erschien ein Mann. „Ach, hier bist du, Lilly! Ich hab dich schon gesucht!“ Er schnappte sich das Kind und verschwand wieder.
Die Kleine hat‘s gut, in einer Burg zu wohnen, musste Tarek denken.
Herr Heinrich bezahlte für alle den Eintritt, und kurz darauf befanden sie sich im Mittelalter. Jedenfalls kam es Tarek so vor. Interessiert besah er sich die alten Gegenstände – Originale aus der Zeit der Ritter. Er fand es spannend, sich vorzustellen, wie früher Menschen hier gelebt hatten – ohne Strom und ohne fließendes Wasser – aber solche Menschen wie er selbst auch.
Am liebsten hätte er all die vielen Ecken und Winkel erforscht. Vor allem, als der Mann, der die Führung machte, erzählte, dass es früher einen Geheimgang gegeben habe, der in Zeiten der Belagerung als Fluchtweg für die Bewohner der Burg gedient habe. Doch es blieb keine Zeit für ausgedehnte Untersuchungen, weil der Burgführer in den nächsten Raum ging. Tarek fiel auf, wie kurz die Betten waren.

„Die Betten waren so klein, weil die Menschen generell früher kleiner waren als heute, aber auch, weil sie im Sitzen schliefen. Es herrschte die Meinung, dass man starb, wenn man sich zum Schlafen hinlegte. Also wurde im Sitzen geschlafen.“
Wie dumm, dachte Tarek. *Wegen so einem dämlichen Aberglauben konnten sich unzählige Menschen beim Schlafen nicht richtig ausruhen.*
„Die Matratzen waren mit Stroh gefüllt, in dem sich nicht selten Flöhe aufhielten. Überhaupt war es mit der Körperhygiene wesentlich schwieriger als heute. Jeder Eimer Wasser musste von Hand aus dem Brunnen im Hof der Burg heraufgezogen werden. Was natürlich zur Folge hatte, dass man sich einfach weniger wusch ...“
„Damit hätte Stasi keine Probleme“, raunte eine Mitschülerin in Tareks Nähe.
Er sah sich um. Die erwähnte Person war nirgends zu sehen. *Wie kann man sich nur auf der Toilette verkriechen, wenn man stattdessen eine alte Burg besichtigen kann!*
Doch Stasi war nicht auf der Toilette. Allerdings wusste das zu dem Zeitpunkt niemand.
Im letzten Raum sagte Frau Liebknecht leise zu Herrn Heinrich: „Geh mit den anderen schon mal in die Höhle. Ich sehe auf der Toilette nach Stasi und komme mit ihr nach.“
„An deiner Stelle würde ich sie einfach lassen. Ich bin heilfroh, dass sie bei der Führung nicht mit war. Wenn sie die Höhlenbesichtigung auch noch verkackt, oder was auch immer sie auf der Toilette macht, ist das nur zu unser aller Besten.“
Frau Liebknecht machte ein undefinierbares Gesicht. „Sie soll auch die Chance auf dieses tolle Naturwunder haben. Ich gehe sie holen“, sagte sie nur.
Tarek musste zugeben, dass seine Lehrerin ihn beeindruckte. *Sie kümmert sich freiwillig um das Schulekel, damit sie die gleiche Chance hat wie wir anderen.*
Ihr Kollege wirkte nicht erfreut. *Wahrscheinlich hofft er ernsthaft, dass Stasi nicht mitkommt,* überlegte Tarek.
Und es schien so, als würde die unliebsame Schülerin Herrn

Friedrich den Gefallen tun; denn als die Führung begann, waren weder Stasi noch Frau Liebknecht erschienen.
Die Tropfsteinhöhle war mit einem Gitter und einem Drehkreuz gesichert. Wobei Tarek auffiel, dass eine schmale Person sich mit Geschick auch an der Absperrung vorbeidrücken konnte. Das war jedoch nicht nötig, weil die Höhlenführerin die Drehtür für sie geöffnet hatte.
Der Anblick vor ihm vorschlug Tarek fast den Atem. Bizarre Tropfstein-Gebilde hingen von der Decke und wuchsen aus dem Boden. Das Dach der Höhle wölbte sich wie eine Kuppel über dem Ganzen.
Stasi verpasst echt was! Das hier ist wie Fantasy. Während die Frau etwas zur Entstehung der Stalagmiten und Stalaktiten, den Sintervorhängen und anderen Formationen erzählte, stellte Tarek sich vor, er wäre allein hier und die Höhle wäre das Tor zu einer anderen Welt. *Obwohl, nicht allein. Mit Mia. Wir würden uns an den Händen fassen und langsam dort drüben durch die beiden Stalagmiten gehen und wären plötzlich weg. So, wie in der Geschichte von Narnia.* Er sah zu ihr hinüber. Sie stand neben Tobias in der Nähe von Herrn Heinrich.
Die Gruppe setzte sich in Bewegung und ging weiter bis zu einem Absatz. Hier bot sich ihnen der Blick auf neue, geheimnisvolle Strukturen. An einer Stelle sah es aus wie ein glitzernder Vorhang, der von der Decke hing. An einer anderen erhob ein Ungeheuer seinen hässlichen Kopf.
„Wir steigen nun über die Wendeltreppe hinunter an den tiefsten Punkt der Höhle“, sprach die Höhlenführerin weiter. „Damit befinden wir uns 64 Meter unter der Erdoberfläche. Von diesem Raum, der sogenannten Kapelle, führt ein weit verzweigtes Höhlensystem ab, das noch nicht vollständig erforscht ist. Die starken Regenfälle der letzten Jahre haben viel Kalk aus dem Gestein herausgewaschen und es porös gemacht.“
Die Dame erzählte noch einiges mehr – über die Entdeckung der Höhle vor ca. 100 Jahren, die Bärenskelette, die man dort gefunden hatte, und die einsturzgefährdeten Gänge des Höhlensystems. Tarek sah zu der dunklen Öffnung auf der anderen Seite der Kapelle. *Ob dort früher der Gang von der Burg mündete?*

Nur mit halbem Ohr hörte er den weiteren Ausführungen über die Entstehung der Tropfsteinformationen zu. Er stellte sich vor, wie die Bewohner der Burg im Zustand der Belagerung durch einen geheimen Tunnel entkommen waren.
Um dann einem Bären zu begegnen ... Auch nicht viel besser! Da hatte die weiße Höhlenspinne ein wesentlich entspannteres Leben.
Nach einer halben Stunde war die offizielle Führung zu Ende. Die Schüler hatten noch weitere zehn Minuten Zeit, bevor die nächste Gruppe in die Höhle durfte.
Tarek hätte gern das Gangsystem näher untersucht, aber er wollte keinen Ärger heraufbeschwören.
Am oberen Ende der Wendeltreppe erschien Frau Liebknecht. Allein. Herr Heinrich eilte die Stufen hoch.
Tarek sah, wie Mia sich an seine Fersen heftete.
Jetzt fragte Frau Liebknecht sie etwas und sie schüttelte den Kopf. Tarek ging näher und hörte, wie die Lehrerin sagte: „Ich war nochmal in allen Räumen. Aber sie ist wie vom Erdboden verschluckt. Allmählich frage ich mich, ob sie auf eigene Faust nach Hause gefahren ist."
„Hier kommt sie doch gar nicht weg. Und hast du nicht gesagt, sie hätte ihr Handy bei dir abgegeben?" Herr Heinrich warf kurz einen Blick über die Schulter. „Lass uns draußen weitersprechen", sagte er leise. Dann wandte er sich der Schulklasse zu: „Kommt bitte nach oben und geht nach draußen. Dort könnt ihr euer Picknick verspeisen."
Nach und nach erschienen die Schüler wieder im Sonnenlicht, wo bereits die nächste Gruppe wartete. Sie ließen sich auf den Bänken vor der Höhle nieder und packten ihre Lunchpakete aus, während ihre Lehrer etwas abseits standen und sich berieten, was jetzt zu tun sei.
Tarek setzte sich zu Mia. „Weißt du, wo Stasi abgeblieben ist?", fragte er.
Mia schüttelte den Kopf. „Keine Ahnung. Die Höhle war so spannend, dass ich nicht auf sie geachtet habe. Und die Burg auch. Es kann wirklich sein, dass sie nach Hause gefahren ist."

„Aber Herr Heinrich hat doch eben gesagt, dass sie Frau Liebknecht ihr Handy gegeben hat“, wandte Tarek ein.
Mia zog eine Augenbraue hoch. „Sie hat noch eins.“
Da trat aus dem Höhleneingang eine Person: *Stasi!*
Herr Heinrich sprang auf. Mit schnellen Schritten lief er auf die Vermisste zu. „Wo hast du gesteckt? Wir haben dich überall gesucht!“, sagte er vorwurfsvoll und ärgerlich.
Stasi zuckte die Schultern. Sie machte ein gleichgültiges Gesicht.
Auch Frau Liebknecht war dazugekommen. „Wen haben wir denn hier“, lächelte sie. „Wie man es schafft, eine Zeit lang unsichtbar zu werden, musst du mir mal verraten. Das könnte manchmal wirklich praktisch sein.“
Etwas überrascht sah Stasi sie an.
Herr Heinrich war sehr aufgebracht. „Wenn du dir nochmal so was leistest, schicken wir dich auf eigene Kosten nach Hause! Wenn ein Kindergartenkind abhaut, ist das eine Sache. Aber doch nicht eine Schülerin der achten Klasse. Das ist absolut rücksichtslos den anderen gegenüber! Deinetwegen konnte Frau Liebknecht nicht an der Höhlenbesichtigung teilnehmen.“
Verwundert stellte Tarek fest, dass Stasis Fassade einen Moment einen ach so kleinen Sprung bekam. Sie warf der freundlichen Lehrerin einen Blick zu.
Die streckte ihr die Hand hin und sagte: „Schwamm drüber.“
Zu Tareks größtem Erstaunen schlug Stasi ein.
Herr Heinrich stemmte die Hände in die Hüften und stieß die Luft aus. Kopfschüttelnd ging er zurück zu seiner Picknick-Bank.
„Dann stärk dich gut für den Rückweg“, meinte Frau Liebknecht und folgte ihrem Kollegen.
Tarek sah, wie Stasi ihren Blick einen Moment schweifen ließ, dann kam sie zu ihnen herüber.
Wortlos rückte Mia ein Stück, dass Stasi sich setzen konnte.
Tarek wäre gern einfach sitzen geblieben, um sie so dicht wie möglich neben sich zu haben, aber er rückte ebenfalls.
„Danke“, murmelte Stasi.
Schweigend saßen die drei auf der Bank und aßen ihr Picknick.
Ganz unvermittelt sagte das „Schulekel“ plötzlich: „Den Gang von der Burg zur Höhle gibt es wirklich.“

Streng geheim

Wie vom Donner gerührt sahen Mia und Tarek das „Schulekel" an. Mia fand zuerst ihre Sprache wieder: „Du hast ihn gefunden und bist da durchgegangen?"
Stasi nickte.
Tarek beugte sich vor. „Wie hast du ihn entdeckt?", fragte er aufgeregt.
„War gar nicht schwer. Hinter der Feuerstelle in der Küche war so ein Loch."
„Wie, da war ein Loch? Woher wusstest du, dass das der Gang war?"
Mia konnte sehen, dass Tarek gespannt wie ein Flitzebogen war. Sie sah zu den Lehrern. *Hoffentlich fragt mich Frau Liebknecht nachher nicht, was Stasi erzählt hat!* Sie stieß ihren Mitschüler an. „Lass dir nichts anmerken, Tarek!", sagte sie leise.
Tarek atmete tief durch. „Du hast recht." Er lehnte sich zurück. Doch gleich darauf beugte er sich wieder vor. „Erzähl weiter!"
„So, packt euer Picknick ein, wir gehen zurück!", rief Herr Heinrich da.
Tarek ignorierte ihn. „Also, woher wusstest du, was das für ein Loch war?"
„Wir sollen zurückgehen", sagte Stasi statt einer Antwort und stand auf.
Mia ebenfalls. *Stasi hat den Gang entdeckt? Das ist ja krass!*
Tarek sprang auf seine Füße. „Jetzt mach schon! Erzähl weiter!"
„Tarek, nicht so auffällig!", mahnte Mia. „Verhalte dich ganz natürlich." Im nächsten Moment wurde ihr bewusst, dass das schon gar nicht mehr möglich war: Mit Stasi zusammen auf einer Bank zu sitzen und zu picknicken hatte nichts mehr von „normal". Und auch, dass sie wie selbstverständlich zusammen am Ende der Gruppe gingen, war alles andere als „natürlich".
„Also, wie kamst du auf die Idee, dass das Loch hinter der Feuerstelle der Eingang zum Gang ist? Hinter dem Kamin war auch eine Öffnung", nahm Tarek den Faden wieder auf.

Hinter dem Kamin war auch eine Öffnung? Mia hatte weder die eine noch die andere bemerkt.
Stasi blieb stehen. „Du bist doch nicht so schlau, wie ich dachte."
Tarek, der sich anscheinend angegriffen fühlte, schoss zurück: „Ich halte mich eben an die Regeln, damit alle an der Höhlenführung teilnehmen können, auch Frau Liebknecht!"
Mia befürchtete, dass sie sich in die Haare kriegen würden und sagte schnell: „Das haben die beiden doch eben geklärt, Tarek." Sie wandte sich an das „Schulekel": „Warum kamst du also auf die Idee, dass der Gang von der Küche aus losgeht?"
„Zwei Gründe", gab Stasi sachlich zurück. „Erstens: Der Kupferkessel, der eigentlich an dem Haken über der Feuerstelle hängt, hing da nicht, sondern stand auf dem Boden."
„Ja, und? Lass ihn doch auf dem Boden stehen. Das muss doch nichts heißen", unterbrach Tarek. Er war offenbar immer noch angepiekt. „Vielleicht hat die Putzfrau Staub gewischt und vergessen, ihn wieder aufzuhängen."
„Dazu muss man den Kessel nicht abhängen. Außerdem war der Haken ziemlich eingestaubt. Genauso wie der Kessel. Der allerdings am Rand an vielen Stellen Fingerabdrücke hatte. Jemand hängt also regelmäßig den Kessel ab."
Verwundert hatte Mia der Unterhaltung zugehört. Wie kam ihre Klassenkameradin dazu, so detektivisch zu denken? „Das ist wirklich klug von dir, Stasi!"
„Ich bin wohl doch nicht so dumm, wie ich aussehe", gab das „Schulekel" spöttisch zurück.
Mia überging den Kommentar.
„Und der zweite Grund?", fragte Tarek.
„Du checkst es wirklich nicht, oder?"
„Du hast einfach so getan, als müsstest du aufs Klo, und bist dann schnell in das Loch gekrochen, als alle weg waren", gab Tarek bissig zurück.
Stasi schüttelte den Kopf und machte eine wegwerfende Handbewegung. „Ach, vergiss es."
„Weißt du, was, ich wette, du warst gar nicht in dem Gang. Du denkst dir das alles nur aus!"

„Tarek!“ Mia konnte es nicht glauben. Was stellte er sich so an? Stasi war gerade dabei, etwas Spannendes zu erzählen, und er hatte nichts Besseres zu tun, als sich wie ein eingebildeter Gockel aufzuspielen.
„Hattest du keine Angst?“, fragte sie das „Schulekel“.
Stasi warf einen Blick über die Schulter, um sich zu vergewissern, dass auch wirklich niemand hinter ihnen lief und sagte: „Doch, ich hatte Angst.“ Sie blieb stehen. „Wenn ihr irgendjemandem was sagt, dann könnt ihr was erleben.“
Auf einmal klopfte Mia das Herz bis zum Hals. Sie war sich nicht sicher, ob sie hören wollte, was Stasi zu erzählen hatte.
„Wir sagen nichts“, beeilte sich Tarek zu versichern.
Stasi musterte ihn mit einer hochgezogenen Augenbraue. „Ach, auf einmal. Schwöre es mir!“
„Ich schwöre!“
Stasi nickte. Sie wandte sich an Mia. „Schwör du auch!“, verlangte sie.
„Ich schwöre nicht“, gab Mia zurück. Es war ihr ganz und gar nicht wohl in ihrer Haut. Und zu schwören, würde es nicht besser machen. In der Grundschule hatte sie mal so eine Phase gehabt, da hatte sie ständig „Ich schwör‘s!“ gesagt.
So lange, bis ihr Vater ein ernstes Wörtchen mit ihr geredet hatte: „Die Bibel warnt uns an unterschiedlichen Stellen davor zu schwören. Das ist Gott vorbehalten.“
„Dann erzähle ich es auch nicht“, entgegnete Stasi bestimmt.
„Los, Mia, schwör!“, drängte Tarek.
„Nein.“
„Aber warum denn nicht?“
„Weil Jesus sagt, dass man nicht schwören soll. Man soll einfach Ja oder Nein sagen“, platzte Mia heraus.
„Steht das auch in der Bibel?“, fragte Stasi.
„Ja.“
„Und warum soll man nicht schwören?“, erkundigte sie sich interessiert.
Tarek stöhnte. „Och Leute, lasst uns jetzt nicht über so was reden! Es gibt grade Wichtigeres zu besprechen.“

„Erst will ich wissen, warum Jesus sagt, dass man nicht schwören soll.“
Mia erzählte, was ihr Vater damals gesagt hatte, zumindest das, was ihr spontan einfiel: „Jesus sagt, dass wir einfach Ja oder Nein sagen sollen. Und wenn die Menschen um uns herum uns als ehrlich und zuverlässig kennen, wird ihnen unser einfaches Wort reichen.“
„Mmh“, machte Stasi.
Mia wusste nicht, ob das zustimmend oder ablehnend gemeint war.
„Steht da sonst noch irgendwas?“, wollte Stasi wissen.
Hallo? Denkt sie etwa, ich könnte die ganze Bibel auswendig?
Mia versuchte, sich zu erinnern. „Ich glaube, es hat auch was damit zu tun, dass Gott der Einzige ist, der in der Lage ist, seinen Eid unter allen Umständen einzuhalten. Wenn ich etwas schwöre, kann es ja immer noch sein, dass irgendwas dazwischenkommt und ich das, was ich geschworen habe, nicht einhalten kann, zum Beispiel.“
„Das ergibt Sinn“, nickte Tarek.
„Danke für die Unterstützung“, sagte Mia trocken.
„Dann versprich ihr so, dass du nichts sagst“, forderte er sie auf. Er war stehen geblieben.
„Und wenn es etwas ist, das gesagt werden muss?“, gab Mia zurück. Ihre Mutter hatte ihr mal erklärt, dass es Situationen geben konnte, in denen es das Schlimmste war zu schweigen.
„Mia, jetzt stell dich nicht so an!“, schimpfte Tarek. Er war anscheinend wirklich ärgerlich auf sie.
Da bekam sie unerwartet Unterstützung von Stasi. „Du bist doch nur neugierig.“
Verdutzt sah er das „Schulekel“ an. „Mir doch egal!“, schnaubte er dann. „Ich kann es auch selbst rausfinden. Warum rede ich überhaupt mit dir?“
„Eben, sag ich doch. Du bist nur neugierig!“, gab Stasi hitzig zurück.
„Mia ist auch neugierig. Sie zeigt es nur nicht!“
„Bin ich nicht. Wenn Stasi es nicht sagen will, dann eben nicht.“

Je weniger ich weiß, desto weniger kann ich mich aufregen. Das hier führt zu gar nichts! Außer, dass die anderen uns abhängen.
Mia stemmte eine Hand in die Hüfte. „Leute, wir haben die anderen verloren. Wollt ihr weiterstreiten oder mitkommen? Ich gehe jetzt nämlich zur Gruppe!“
Doch Tarek hielt sie am Oberarm fest. „Du lügst! Natürlich bist du neugierig. Das geht gar nicht anders!“, ereiferte er sich. Es schien ihn fürchterlich zu wurmen, dass er sein Informationsziel nicht erreichte.
„Lass sie sofort los! Ich wiederhole: *sofort*!“, sagte Stasi drohend.
What?
Tarek war genauso überrascht, und das führte dazu, dass sein Frust augenblicklich abebbte. Ungläubig sah er von einer zur anderen.
Ein ärgerlicher Ruf erklang weiter vorne. Alle drei wandten sich um. Herr Heinrich stand an der nächsten Kurve und machte ausladende Bewegungen mit einem Arm.
„Wir sollen kommen“, meinte Tarek überflüssigerweise. Er lief los, die beiden anderen ebenfalls.
Schon bald blieb Stasi jedoch zurück. Normalerweise hätte Mia die Situation ausgenutzt, um sie abzuhängen. Stattdessen drosselte sie ihr Tempo und ließ Tarek allein vorlaufen.
Er war richtig wütend auf mich. Wie er mich angeschrien hat!
Diese Tatsache beschäftigte sie gerade noch mehr als Stasis Geheimgang-Gerede. *Eigentlich hatte ich gedacht, er würde ein bisschen auf mich stehen. Aber er war ganz schön gemein zu mir ...*
Schweigend ging sie neben dem „Schulekel“ her.

Nicht zu fassen!

Tarek hatte gehofft, dass Mia sich ihm anschließen würde und er sie überzeugen könnte, Stillschweigen zu schwören, damit Stasi ihr Geheimnis freigab. Es nervte ihn entsetzlich, dass nichts weiter aus dem „Schulekel" rauszukriegen war. Doch Mia war ihm nicht gefolgt. Auch das wurmte ihn. Es tat ihm bereits leid, dass er so aufbrausend zu ihr gewesen war. Aber sein Stolz verbot ihm, sich umzusehen. Erst kurz bevor er die Kurve umrundete, warf er einen schnellen Blick über die Schulter.

Sie spaziert freiwillig allein mit Stasi durch den Wald? Obwohl sie mit mir gehen könnte? Das ergibt keinen Sinn! Vielleicht freundet sie sich ein bisschen mit dem Ekel an, um ihr Vertrauen zu gewinnen, damit sie ihr alles erzählt? Oder war Mia wirklich so straight wie es schien? In der Bibel würde stehen, dass man nicht schwören solle. Also machte sie es nicht. Obwohl zwei kleine Wörtchen der Schlüssel zu Stasis Entdeckung gewesen wären! Tarek fiel es schwer, das nachzuvollziehen.

Nur, weil sie nicht schwören will, sagt Stasi nichts! Von neuem flammte der Ärger in ihm auf. Er sah sich um, ob die beiden inzwischen etwas aufgeholt hatten. Aber die Strecke bis zur Kurve war immer noch menschenleer. *Vielleicht gehen sie auch heimlich zurück, und Stasi zeigt ihr den Gang,* fuhr es ihm durch den Kopf. Aber eigentlich konnte er sich so etwas bei Mia nicht vorstellen. Wieder warf er einen Blick zurück.

Und wenn Stasi ihr was antut? Eben hat sie zwar gesagt, ich sollte Mias Arm loslassen, aber was heißt das schon. Einmal Ekel, immer Ekel. Sollte er zurücklaufen? Warum kamen die beiden nicht? Erneut sah er sich um.

Endlich erschienen die zwei in der Kurve. Erleichtert wandte Tarek sich nach vorne und schloss zur Gruppe seiner Klassenkameraden auf.

Ist vielleicht ganz gut, wenn ich nicht die ganze Zeit mit Mia gehe. Das würde nur unnötige Fragen aufwerfen. Und Louis würde mich gnadenlos aufziehen.
„Wo sind die anderen beiden?“, wurde er von Herrn Heinrich empfangen.
„Dahinten.“ Tarek wies mit dem Daumen über die Schulter. „Sie kommen. Stasi ist nicht so schnell, und Mia geht mit ihr.“
„Na hoffentlich“, murmelte Herr Heinrich.
Tarek gesellte sich zu Tobias und Louis. „Na, auch schon da“, begrüßte Letzterer ihn. „Wo hast du dein Herzblatt gelassen?“
„Habt ihr euch gestritten?“, fragte Tobias besorgt.
„Leute ... könnt ihr‘s bitte lassen?!“
„Dahinten kommt sie“, informierte sie Louis. „Sie geht mit dem Ekel. Das ist nicht zu fassen!“ Er wandte sich an Tarek: „Warum macht sie das denn?“
Tarek erzählte ihm nichts von seinen Überlegungen, sondern sagte nur: „Lass sie doch.“
„Und wenn Stasi irgendwas Schreckliches tut?“, fragte Tobias besorgt.
„Dann rennt Mia schnell weg. Sie ist doch so gut in Sport“, meinte Louis.
„Aber dann muss sie doch nicht mit Stasi hinterherschleichen“, wandte Tobias ein. „Willst du nicht lieber bei ihr bleiben, Tarek?“
„Hallo? Geht‘s noch?“ Seine Zimmerkameraden führten sich auf wie – Tarek fehlte die passende Klassifizierung. „Bin ich ihr Babysitter, oder was? Bleib du doch bei ihr! Wenn ihr so um ihre Sicherheit besorgt seid, passt doch selber auf sie auf!“
Dazu gab es dann sogar tatsächlich beim Abendessen Gelegenheit. Aber bis dahin war noch ein bisschen Zeit, und Tarek suchte Mia auf. Die Neugier zerfraß ihn fast. Außerdem wollte er sie fragen, ob er nochmal ihre kleine Bibel leihen konnte.
Sie war etwas überrascht, als er vor der Tür stand. Er warf einen Blick ins Zimmer. Stasi war nicht zu sehen. Aber vielleicht lag es auch daran, dass er nicht überblicken konnte, was hinter der Tür war. Mit den Lippen formte er die Worte: „Ist sie da?“ und deutete in den Raum. Mia nickte. *Zu dumm!* Er würde sie später interviewen müssen, wenn das „Schulekel“ es nicht mitbekam.

So sagte er nur: „Kann ich deine Bibel leihen? Ich will das mit dem Schwören nachgucken.“
Mia nickte. Sie ging kurz zu einem Bett und nahm ein Büchlein von der Nachtkonsole darüber. „Hier.“
„Weißt du, wo das steht?“
„Irgendwo in den Evangelien, schätze ich, weil Jesus es gesagt hat.“
„In den was?“
„In den Evangelien, also Matthäus, Markus, Lukas oder Johannes. Wenn du das alles durchlesen willst ...“
Das war jedoch nicht nötig, denn nicht lange, nachdem Tarek sich mit dem Büchlein auf sein Bett gelegt hatte, klopfte es. Vor der Tür stand ... Stasi! Erschrocken machte Tarek einen Schritt zurück.
„Das mit dem Schwören steht in Matthäus, Kapitel 5, Vers 34“, sagte sie.
Ungläubig sah Tarek sie an. „Wie hast du das denn rausgefunden?“
Doch Stasi drehte sich um und ging wieder.
Ob Mia sie geschickt hat? Aber sie hat doch gesagt, sie weiß nicht, wo das steht. Da fiel ihm ein, dass Mia gesagt hatte, dass Stasi heimlich ein zweites Handy hätte. *Wahrscheinlich hat sie das bei Google nachgeguckt. Dann hat sie gehört, was ich mit Mia geredet habe. Gut, dass ich nichts anderes gesagt habe.*
Er suchte im Inhaltsverzeichnis nach Matthäus und blätterte dann bis zur Fünf. Als er sie gefunden hatte, bemerkte er die vielen kleinen Zahlen im Text und suchte die 34. Dabei sah er, dass sie zu einem Abschnitt gehörte, der mit „Vom Schwören“ überschrieben war. Gespannt las er, was dort stand. Es ging darum, dass Himmel und Erde Gott gehörten und dass der Mensch im Vergleich dazu ziemlich unfähig war, Einfluss auf die Dinge zu nehmen.
Das passt auf jeden Fall zu dem, was Mia gesagt hat.
Fasziniert las er weiter. Die nächsten beiden Abschnitte waren mit „Vom Vergelten“ und „Von der Feindesliebe“ überschrieben. Was da stand, ging Tarek völlig gegen den Strich.

Man soll sich nicht rächen? Stattdessen seinen Feinden Gutes tun? Das geht doch gar nicht!
Oder vielleicht doch? *Hat Mia sich etwa deswegen auf dem Weg zurück von der Höhle mit dem Schulekel abgegeben?*
Tarek hätte gern weitergelesen, aber es läutete zum Abendessen. Die Jungs waren wieder vor Mia im Speisesaal und Tobias winkte sie herüber, als sie den Raum betrat. Sie nahm sich Essen und setzte sich zu ihnen.
Tarek schob ihr das Neue Testament hin. „Hier", sagte er nur. Er sah, wie Louis in dem Moment zur Tür guckte und drehte sich um.
Stasi war hereingekommen. Sie holte sich ebenfalls etwas vom Büfett und wollte sich wieder an ihren Einzeltisch setzen, doch Mia stand auf. Sie zog einen fünften Stuhl heran, stellte ihn ans Kopfende und sagte: „Bei uns ist noch Platz."
Schockiert sahen die drei anderen sie an. Mia warf Tarek einen bedeutungsvollen Blick zu, aber er konnte sich nicht überwinden, die Einladung zu wiederholen.
Auch die anderen beiden waren nicht einverstanden. Stasi drehte sich um und ging an einen Einzeltisch. Mia stand auf, nahm ihren Teller und folgte ihr.
„Das ist nicht zu fassen! Warum macht sie das?", flüsterte Louis.
„Wahrscheinlich, weil in ihrer Bibel steht: ‚Liebt eure Feinde'", raunte Tarek zurück.
„Das steht in der Bibel? Gut, dass ich keine habe!", bemerkte Tobias.
Ich frage mich echt, warum sie sich an das hält, was da steht, überlegte Tarek.
„Schon dreist von Stasi, so zu trödeln, dass Herr Heinrich extra nochmal zurücklaufen musste, heute Nachmittag!", sagte Louis da vorwurfsvoll.
„Ja, und vor allem, dass sie während der Burgführung mal wieder auf der Toilette gehockt hat", fügte Tobias an. „Sie ist einfach so was von assi, das gibt's gar nicht."
„Es ist einfach nicht zu fassen!", sagte Louis zum zweiten Mal.
Aha. Das ist also das Gerücht, das Stasis Verschwinden heute

Mittag für die anderen erklärt. Wenn ich ihnen jetzt den wahren Grund erzähle, kriegen sie den Mund nicht mehr zu. Tarek sah zu Mia und Stasi. Sie redeten nicht miteinander, aber Stasi machte auch nicht irgendetwas Abscheuliches.
Ich muss unbedingt noch einmal mit Mia sprechen. Allein. In seinem Kopf begann sich nämlich ein Plan zu formen ...

Auf eigene Faust

Kaum hatte Stasi ihren Teller leer – heute aß sie die Pizza, die sie sich genommen hatte, tatsächlich auf –, stand sie auf und verließ den Speisesaal.
Mia sah ihr einen Moment nach. Dabei fühlte sie sich so leicht und froh wie schon lange nicht mehr. *Ich habe das gemacht, was Jesus gesagt hat.* Zugegeben, es war ihr nicht leichtgefallen und Lust dazu hatte sie schon gar nicht gehabt. Aber sie hatte sich an etwas erinnert, was Tabea mal bei den Royal Rangers erzählt hatte: „Jesus sagt es mir, also tue ich es, ohne darüber nachzudenken, ob ich Lust dazu habe oder nicht. Bei der Hochzeit zu Kana haben die Diener auch nicht überlegt, ob sie *Lust* haben, die großen Krüge mit Wasser zu füllen. Sie haben es einfach gemacht, als Jesus es ihnen sagte. Obwohl es total anstrengend war und sie bei einer Hochzeit sicher auch noch andere Dinge zu tun hatten. Und als er sagte, sie sollten etwas davon schöpfen und es dem Speisemeister bringen, haben sie es auch einfach gemacht, obwohl es total unlogisch war. Und dann wurde aus dem Wasser Wein. Wunder passieren, wenn man gehorcht."
Ich glaube, ich habe gerade so was wie ein Wunder erlebt ... vielleicht sogar ein doppeltes: Ich habe etwas gemacht, was ich von mir aus nie gemacht hätte, und Stasi hat nichts gemacht, was sie von sich aus eigentlich immer tut: ekelhaft sein.
„Kann ich kurz mit dir sprechen?", wurde sie da aus ihren Überlegungen gerissen. Tarek stand neben ihrem Tisch. „Unter vier Augen" sagte er leise.
Sofort zerstreute das Klopfen ihres Herzens alle tiefgründigen Gedanken. *Das ist dumm. Er ist mein Klassenkamerad, fertig, aus!* Mia nickte, schob sich den Rest ihrer Pizza auf einmal in den Mund und stand auf.
Tarek wartete, bis sie ihren Teller weggebracht hatte, und verließ mit ihr den Speisesaal. Ein leiser Pfiff ertönte hinter ihnen. Mia beging den Fehler, sich umzudrehen und sah, wie Louis grinsend ein Daumen hoch machte. Sie wurde rot.

Mir doch egal. Aber es war ihr nicht egal. Und sie hoffte inständig, dass Tarek sich entschuldigen würde. Eigentlich hatte sie gedacht, er hätte deswegen vor dem Abendessen bei ihr vor der Tür gestanden. Aber dann hatte er nur ihre Bibel ausleihen wollen.
Mia überspielte ihre Nervosität mit Lässigkeit. „Also, was ist?“, fragte sie, als sie draußen auf dem Gang waren.
Tarek sah sich kurz um. „Mehrere Dinge. Erstmal hier, deine Bibel. Und zweitens: Warum bist du nett zu dem Ekel?“
„Das habe ich doch schon gesagt: Weil es in der Bibel steht.“
„Ja und? Deswegen musst du es doch nicht machen. Es steht alles Mögliche in allen möglichen Büchern.“
Etwas von der Nervosität fiel von Mia ab. Das hier war ein Thema, bei dem sie sich sicher fühlte. „Die Bibel ist nicht einfach irgendein Buch. Sie ist Gottes Wort an uns Menschen. Also tue ich es lieber. Schließlich ist Gott der Chef.“
Tarek blinzelte ungläubig und sah sie völlig überrascht an.
Er hat so schöne Augen! Einen Moment hielten sich ihre Blicke und das Flattern kehrte zurück.
„Das ist ... ziemlich krass!“, sagte er schließlich und schaute zur Seite. „Das ist wirklich ziemlich krass.“
„Und, was wolltest du mir noch sagen?“, hakte Mia nach.
Wieder sah Tarek sich um. „Lass uns nach draußen gehen.“ Er öffnete eine der Glastüren, die in den Garten führten. Erst als sie ein Stück vom Gebäude entfernt waren, sagte er: „Hat Stasi noch irgendwas erzählt?“
Aha. Daher weht der Wind. Er hat also nicht vor, sich zu entschuldigen, sondern will nur seine Neugier befriedigen. Das Flattern ließ die Flügel hängen. Mia verschränkte die Arme vor der Brust. „Hat sie nicht. Und übrigens, ich fand‘s nicht toll, dass du mich auf dem Heimweg so angeschrien hast! Und angepackt.“
Tarek musterte sie einen Moment. „Okay. Tut mir leid.“
„Tut‘s dir wirklich leid? Auch, wenn du dadurch nicht an irgendwelche Informationen kommst?“
„Es tut mir wirklich leid. Ich schwö...“ Er brach ab und grinste schwach. „Ja, es tut mir leid. Auch, dass ich dich am Arm gepackt habe“, sagte er und streckte ihr die Hand hin.

Mia ergriff sie und lächelte. „Ist in Ordnung.“ *Er ist wirklich ein sehr cooler Mensch.*
Tarek sah sie weiter an und hielt weiter ihre Hand fest. „Ich gehe heute Nacht durch den Geheimgang. Kommst du mit?“
Ohne nachzudenken nickte Mia.
„Wir müssen warten, bis die anderen schlafen. Ich habe gesehen, dass es einen Schuppen gibt, in dem ein paar Fahrräder stehen. Wenn wir uns die ausleihen, sind wir wesentlich schneller.“ Tareks Stimme schien von weit weg zu kommen, wie aus einem Traum. „Ich habe eine Taschenlampe, so dass wir in dem Gang auf jeden Fall etwas sehen können. Aber wir müssen andersherum reingehen, von der Höhle aus. Die Burg ist sicher zu. Wir müssen nur irgendwie durch das Drehkreuz gelangen.“
Aus einem der Fenster ertönte ein Pfiff.
„Louis!“, murmelte Tarek und ließ Mias Hand los.
Plötzlich zerplatzte die rosarote Wolke, und Mia checkte, dass sie gerade dabei waren, eine total verrückte Aktion zu planen, die völlig gegen die Regeln war. Sie sog scharf die Luft ein.
„Es ist okay, Mia, wirklich“, beeilte sich Tarek zu versichern. „Der Abend ist zur freien Verfügung und wir dürfen in Gruppen zu zweit oder zu dritt unterwegs sein.“
„Zu dritt. Und hast du vergessen, dass wir um 22.00 Uhr auf den Zimmern sein müssen?“
„Bitte, Mia! Was ist denn schon dabei? Wir machen nichts kaputt und wir beleidigen niemanden. Keiner wird auch nur was davon merken!“ Plötzlich hellte sich seine Miene auf: „Ich hab‘s: Wir machen das morgen, während der Nachtwanderung!“
Ein langsames Grinsen breitete sich auf Mias Gesicht aus. „Morgen während der Nachtwanderung“, nickte sie. „Jetzt müssen wir nur noch eine dritte Person finden.“
Diese Frage sollte sich später am Abend erübrigen. Aber vorher gab es Tischtennis und -kicker, Gesellschaftsspiele, man nutzte den Shop und hockte knabbernd auf den Sofas im Keller.
Stasi war nirgends zu sehen. Mia verdrängte die Sorge, was ihre Zimmernachbarin in ihrer Abwesenheit anstellen würde. Sie hatte keine Lust, im Zimmer zu hocken und ihre Sachen zu bewachen, wenn sie stattdessen Spaß haben konnte.

„Das hier ist wirklich ein nicer Ort“, meinte Louis und ließ sich mit einer Tüte Gummibärchen neben Mia auf das Sofa fallen. Er zog eine Grimasse. „Bis auf das mit der Nachtruhe. 22.00 Uhr – so früh gehe ich noch nicht mal zu Hause ins Bett!“ Er gähnte.
Tobias grinste. „Das ist zum Schutz des Personals. Und der Lehrer. Morgen kannst du länger aufbleiben. Außerdem musst du ja noch nicht um zehn schlafen.“
„Was soll ich denn sonst auf meinem Zimmer machen?“, schnaubte Louis. „Wenn ich schon auf meinem Zimmer sein muss, kann ich auch genauso gut schlafen.“ Er gähnte noch einmal.
Mia merkte ebenfalls, wie sie müde wurde. Letzte Nacht war nicht so toll gewesen wegen ihres Fingers. Noch bevor Herr Heinrich alle auf ihre Zimmer scheuchte, stand sie auf.
Ihr erster Blick ging auf ihre Nachtkonsole, ob ihre Bibel noch dort lag. Was der Fall war, allerdings lag sie anders als vorher. Schnell ging sie zu ihrem Bett, um zu prüfen, ob irgendwelche Seiten in dem kleinen Buch fehlten oder sonst etwas damit passiert war.
Da sagte Stasi vom oberen Stockbett auf einmal unvermittelt: „In dem Gang lag eine Puppe.“
„Eine Puppe?“ Mia drehte sich um. „Was für eine Puppe?“
„Eine ganz normale Puppe halt.“
„Vielleicht ist ein Kind bei einer der Höhlenführungen in den Gang gelaufen“, überlegte Mia.
„Die Puppe war weiter oben. In der Nähe der Küche.“
Mia verstand nicht, was das zu bedeuten hatte, aber eine dunkle Vorahnung beschlich sie. „Wie kommt eine Puppe in den Gang?“
Stasi setzte sich auf. „Wenn du mich fragst, gibt es nur eine Erklärung dafür. Als ich vom Klo wiederkam, sah ich das kleine Mädchen, das zu uns allen auf den Arm wollte, auf dem Gang stehen. Sie sagte: ‚Kannst du meine Püppi holen?‘ ‚Wo ist denn deine Puppe?‘, fragte ich sie. Sie sagte: ‚Da‘ und deutete zur Küche. Doch als sie die Stimme des Burgführers hörte, blieb sie plötzlich stehen und rannte weg. Ich folgte ihr, und sie fragte wieder: ‚Kannst du meine Püppi holen?‘ ‚Was ist mit deiner Puppe?‘, fragte ich. ‚Der hat sie genommen.‘ Wenn sie lieb wäre,

würde sie ihre Puppe wiederbekommen. Ich fragte: ‚Wer hat sie genommen?‘ Da sagte sie nur: ‚Der Mann.‘“
Mia hatte eine Gänsehaut bekommen. Ihre Augen waren kugelrund. Sie wollte wegrennen, doch stattdessen fragte sie: „Hat sie sonst noch was gesagt?“
„Nein. Aber ich wusste auch so Bescheid. Es ist der Mann, der die Burgführung gemacht hat.“
„Woher weißt du das?“, hauchte Mia. Übelkeit stieg in ihr hoch.
Stasi fixierte sie mit ihrem Blick. „Ich weiß es einfach.“
Mia kämpfte gegen das flaue Gefühl in ihrem Magen.
Einige Sekunden starrten sie sich an.
Dann sagte Stasi sachlich: „Ich habe der kleinen Lilly versprochen, dass ich ihr heute Nacht ihre Puppe bringe und sie aus der Burg hole, damit der Mann sie ihr nie wieder wegnehmen kann.“
„Und wenn sie nicht mitkommt? Oder wenn der Burgführer dich erwischt?“ Mias Stimme war nur ein Flüstern.
„Deswegen brauche ich deine Hilfe ...“

Im Dunkeln unterwegs

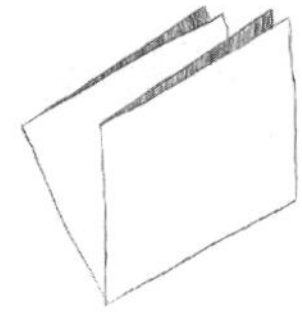

Tarek putzte Zähne, als es an seiner Zimmertür klopfte. Zu seiner größten Verwunderung stand Mia davor. Sie drückte ihm einen Zettel in die Hand, drehte sich auf dem Absatz um und lief hastig den Gang hinunter.
„Oooooo ...!“, erklang es hinter Tarek.
Wäre ich doch bloß nicht mit denen auf ein Zimmer gegangen!
Verwundert faltete er das kleine Stück Papier auseinander:
Planänderung: Vorverlegung auf heute in zwei Stunden beim Schuppen.
Stirnrunzelnd sah er auf das, was Mia geschrieben hatte.
Louis war neben ihn getreten. „Und, was steht in dem Liebesbrief?“ Er griff nach dem Zettel.
„Nichts.“ Hastig steckte Tarek das Papier in die Hosentasche. Was war in sie gefahren? Zu dumm, dass sie direkt wieder abgezischt war. Er überlegte, ob er es riskieren konnte, noch zu ihrem Zimmer zu gehen. *Wahrscheinlich eher nicht. Herr Heinrich passt ziemlich gut auf, wer sich nach der „Sperrstunde“ noch auf dem Gang rumtreibt.*
Louis wandte sich um und sagte über die Schulter zu Tobias: „Ich glaube, sie hat ihm einen Korb gegeben. Er sieht gar nicht glücklich aus.“
Tarek ignorierte ihn und legte sich auf sein Bett. *Mia macht das nicht einfach so. Irgendwas muss da vorgefallen sein. Ich kann nur hoffen, dass die anderen beiden nicht mitkriegen, wie ich mich rausschleiche. Wenn die mich sehen, wie ich in Klamotten das Zimmer verlasse, kommen sie mit. Ich sollte ganz normal meinen Schlafanzug anhaben, wenn ich aus dem Zimmer gehe. Und dann ziehe ich mich im Waschraum um.* Das hieß allerdings, dass er seine Kleider bereits im Vorfeld dort würde parken müssen. Er schnappte sich Duschgel, Handtuch und Schlafanzug.
„Es ist nach 22.00 Uhr. Du kannst nicht mehr duschen“, mahnte Tobias. „Herr Heinrich wird dich erwischen.“

Ich werde auch nicht duschen. Tarek öffnete vorsichtig die Tür und spähte auf den Gang hinaus. Der Lehrer war nirgends zu sehen. Schnell schlüpfte er aus dem Zimmer und hastete zum Waschraum. Bereits davor hörte er Wasser plätschern. Die Beine, die aus einer der Kabinen schauten, waren definitiv nicht die eines Schülers.

Herr Heinrich duscht selbst nach 22.00 Uhr!, dachte Tarek spöttisch. Er huschte in die letzte Kabine und tauschte blitzschnell seine Kleider gegen den Schlafanzug. Noch bevor das Rauschen des warmen Wassers aufhörte, hatte er bereits den Waschraum wieder verlassen. Seine Kleider hatte er in der letzten Kabine an den Haken gehängt.

„Du warst aber schnell“, wunderte sich Louis.

„Herr Heinrich war in der Dusche“, erwiderte Tarek wahrheitsgemäß.

„Was? Obwohl es nach zehn ist? Ja, ja, erst Regeln aufstellen und sich dann nicht dran halten!“, ereiferte sich Louis.

„Er hat die Regel nicht aufgestellt. Das ist die Hausordnung“, informierte Tobias ihn.

„Hast du sie gelesen?“, fragte Louis verwundert.

„Quatsch. So was lese ich doch nicht. Das haben die doch am Anfang erzählt.“

„Hab ich leider nicht mitbekommen“, meinte Louis in gespieltem Bedauern. „Also, Freunde, was machen wir mit dem angefangenen Tag? Was haltet ihr davon, wenn wir heute Nacht die Mädchen überfallen?“

„Nichts“, sagte Tarek schnell. „Morgen ist die Nachtwanderung. Da sollten wir wenigstens heute Nacht schlafen.“

Tobias gähnte. „Ausnahmsweise bin ich einverstanden. Den halben Tag durch den Wald zu latschen, war schon auch anstrengend.“

„Ihr Langweiler“, machte Louis verächtlich. „Ich weiß, was ich mache. Ich frage Tareks Schnecke, ob sie Lust hat, heute Nacht ein bisschen zu kickern.“

Tarek sprang aus dem Bett. „Das machst du nicht!“

„Schon gut.“ Louis grinste. „Ich wollte nur wissen, ob da zwischen euch noch was läuft. Und jetzt habe ich den Beweis.“

„Was für einen Beweis?“, fragte Tobias verständnislos.
„Ach, vergiss es. Du hast einfach keine Ahnung von Psychologie.“
Tarek ließ die beiden sich kabbeln und legte sich wieder hin. Er stellte den Wecker seiner Armbanduhr auf Viertel vor zwölf und schloss die Augen. *Was hat Mia vor? Ob Stasi ihr was von dem Gang erzählt hat?* Je länger er darüber nachdachte, desto wahrscheinlicher erschien ihm das. Schließlich schlief er aber doch ein.
Er träumte gerade, dass er mit Mia durch einen Geheimgang schlich, als er etwas piepsen hörte. Erschrocken lehnte Mia sich an ihn und er legte den Arm um sie. Dabei klopfte ihm das Herz bis zum Hals.
„Mach deinen Wecker aus“, brummte eine verschlafene Stimme von über ihm.
Schlagartig war Tarek wach. Er wartete ein paar Minuten, bis Tobias wieder eingeschlafen war, dann hängte er die Beine aus dem Bett und schlüpfte in seine Schuhe, heilfroh, dass er vorgesorgt hatte mit den Kleidern in der Dusche.
Um zwei Minuten vor zwölf war er am Schuppen. Mia erwartete ihn bereits. Aber sie war nicht allein.

Bei Nacht in der Burg

Es war unschwer zu erkennen, dass Tarek *nicht* erfreut war, sie in Begleitung von Stasi zu sehen. Mia konnte es ihm nicht übelnehmen, schließlich hatte er keine Ahnung, dass das „Schulekel“ überhaupt erst für diese Planänderung verantwortlich war. Sie hoffte inständig, dass er jetzt keinen Aufstand machen würde.
Aber anscheinend legitimierte die Tatsache, dass Stasi mehr über den Gang wusste als sie beide, ihre Anwesenheit, und seine Neugier und Abenteuerlust waren größer als seine Abneigung dem „Schulekel“ gegenüber.
In dem Moment flüsterte Stasi: „Okay, los geht‘s. Ich hoffe, diese Fahrräder funktionieren. Folgt mir. Es gibt noch einen anderen Weg, den kann man besser mit dem Fahrrad fahren. Ich fahre voraus.“
Tarek sah Mia stirnrunzelnd an. Sie hätte es besser gefunden, ihn vorher einzuweihen, doch ihre Zimmernachbarin hatte darauf bestanden, ihm erstmal nichts zu sagen.
„Sie führt uns. Sie hat sich das im Internet angeguckt“, flüsterte Mia nur. Sie hatte immer gedacht, Stasi wäre ziemlich unterbelichtet, aber jetzt stellte sich heraus, dass sie offenbar sehr gut denken konnte. Und im Gegensatz zu ihr keine Angst zu haben schien. Der Wunsch, diesem fremden Mädchen zu helfen, brachte eine völlig neue Stasi zutage.
Mia war furchtbar aufgeregt. Sie hatte die letzten zwei Stunden keine Minute geschlafen. Am liebsten wäre sie sofort zu Frau Liebknecht gegangen.
Aber Stasi hatte gesagt: „Ja, und was passiert dann? Das Übliche, nämlich gar nichts. Frau Liebknecht wird das Jugendamt informieren und bis die dort auf der Matte stehen, sind längst alle Spuren verwischt. Du glaubst doch wohl nicht, dass der Mann sich erwischen lässt! Wir müssen das Mädchen da rausholen, *bevor* irgendjemand davon erfährt.“
„Und wenn wir es nicht schaffen?“, hatte Mia eingewandt. „Ich finde, wir sollten uns Hilfe holen.“

„Wir holen uns auch Hilfe. Aber noch nicht. Vertrau mir."
Fast hätte Mia trotz der angespannten Situation laut gelacht. Stasi musste in dem Moment selbst bemerkt haben, wie absurd ihre Forderung aufgrund ihres bisherigen Verhaltens war, denn sie hatte frustriert die Luft ausgestoßen und gesagt: „Bitte, Mia. Du musst mir glauben! Ich habe dem Mädchen gesagt, dass ich ihr ihre Puppe hole und dass der Mann ihr nie wieder wehtun wird."
„Wie konntest du ihr so etwas sagen?", hatte Mia entsetzt gefragt.
„Ich musste es tun. Bitte, Mia. Ich habe es ihr versprochen. Aber ich habe nicht geschworen!", hatte sie schnell angefügt.
Vielleicht war es gerade dieser Zusatz, der Mia schließlich dazu bewogen hatte, nachzugeben. Und die Tatsache, dass Stasi ein Handy hatte, über das sie jederzeit Hilfe rufen konnte. „Aber dann lass uns wenigstens Tarek mitnehmen", hatte sie gesagt.
Stasi hatte einen Moment überlegt und dann gemeint: „Okay, wir nehmen Tarek mit. Vielleicht ist es sogar ganz nützlich."
Die Fahrräder waren tatsächlich in Schuss. Nur die Sattelhöhe passte nicht und Mia musste im Stehen fahren. Aber es war besser als zu Fuß zu gehen.
War Stasi heute Nachmittag noch so langsam gewesen wie eine Schnecke, schien sie jetzt angetrieben von einer unsichtbaren Kraft. Niemand sprach.
Für Tarek, der immer noch keine Ahnung davon hatte, was der eigentliche Sinn hinter dieser Aktion war, war es ein spannendes Abenteuer. Im Mondlicht sah sein Gesicht aufgeregt-erwartungsvoll aus.
Er geht davon aus, dass Stasi uns einfach den Geheimgang zeigt.
Je näher sie ihrem Ziel kamen, desto nervöser wurde Mia. *Ich werde nicht diejenige sein, die ihn einweiht,* dachte sie trotzig. Sie war sauer auf Stasi, die darauf bestanden hatte, niemandem etwas zu erzählen und sauer auf sich selbst, dass sie sich darauf eingelassen hatte, mitzumachen. Gleichzeitig fragte sie sich zum xten Mal, an welcher Stelle sie hätte anders entscheiden können.
„Man hat immer eine Wahl", sagte ihre Mutter.
Ja, stimmt. Ich hätte Stasi allein gehen lassen können. Sobald sie weg gewesen wäre, hätte ich Frau Liebknecht Bescheid sagen

können. Dann hätte Stasi mir nie wieder vertraut. Und was, wenn sie recht hat? Wenn es dann wirklich nur noch schlimmer für das Mädchen würde?
Ihre Gedanken drehten sich im Kreis. Sie wollte beten, aber irgendwie konnte sie sich nicht konzentrieren. Sie wünschte, Stasi würde Tarek endlich sagen, in welcher Mission sie hier unterwegs waren. Und dass er dann darauf bestehen würde, umzudrehen und Hilfe zu holen.
Dann wird er allerdings nicht den Gang zu Gesicht bekommen. Womit er nicht einverstanden sein wird ... Sie warf ihm einen Seitenblick zu. *Er ist ja ganz besessen davon, den Geheimgang zu erkunden.*
Nach einer Dreiviertelstunde tauchte vor ihnen die Burg auf. Stasi hielt an. „Von hier laufen wir“, flüsterte sie.
„Zur Höhle geht es da entlang“, widersprach Tarek leise.
„Nein, wir gehen hier rechts hoch“, beharrte Stasi und lief los.
„Frauen und Orientierung ...! Das ist die falsche Richtung!“, zischte Tarek.
Stasi reagierte nicht und ging zielstrebig weiter.
Mia war hin- und hergerissen. Aber weil Stasi genau zu wissen schien, was sie tat, beeilte sie sich, ihr zu folgen. Tarek wollte seine Taschenlampe einschalten, doch Stasi sagte: „Noch nicht. Man könnte uns von der Burg aus sehen.“
„Nicht, wenn wir in die falsche Richtung laufen“, gab Tarek spöttisch zurück.
Oh Mann, er soll aufhören, sich so aufzuspielen!
Es stellte sich heraus, dass Stasi mit dem Trampelpfad offenbar wirklich wusste, was sie tat, denn in einem Bogen näherten sie sich von hinten der Höhle. Lediglich das letzte Stück Weg war der Burg zugewandt.
Am helllichten Tag hatte der Höhleneingang nichts Unheimliches gehabt. Jetzt sah er aus wie ein großes, schwarzes offenes Maul. Kurz bevor sie dort ankamen, blieb Stasi stehen. Sie nahm ihr Handy heraus und gab es Mia. „Ich gehe allein in den Gang. Falls irgendwas schiefgehen sollte, musst du Hilfe rufen.“
Mia nickte. Sie starb auch so schon fast vor Angst.

Tarek protestierte sofort: „Was? Das könnte dir so passen! Wir wollen alle den Gang sehen!"
Stasi ignorierte seinen Einspruch und sagte: „Du bleibst hier oben vor der Höhle. Für alle Fälle. Sollte jemand kommen, musst du ihn ablenken."
„Vergiss es! Ich bin nicht mit hierhergekommen, um draußen zu bleiben!"
Mit zusammengepressten Lippen starrte Stasi ihn an.
„Du musst es ihm sagen, Stasi!", drängte Mia.
Tarek drehte den Kopf und sah sie an. „Was ist hier los?", verlangte er zu wissen.
„Schhh, nicht so laut!", mahnte Stasi. „Sag du es ihm, Mia. Ich gehe schon mal." Sie nahm ihm die Taschenlampe ab und drückte sich am Drehkreuz vorbei.
„Gib sie sofort zurü...", schimpfte Tarek los.
Schnell legte Mia ihm eine Hand auf den Mund. „In der Burg wird ein Mädchen – gefangen gehalten." Sie brachte es nicht über sich, alles, was Stasis Bericht sie vermuten ließ, zu erzählen. Aber anscheinend war das auch nicht nötig, denn Tarek musste sofort seine eigenen Schlüsse gezogen haben. Jedenfalls waren seine Augen bestürzt aufgerissen. „Stasi hat ihr versprochen, sie heute Nacht zu befreien. Deswegen sind wir hier." Mia nahm ihre Hand herunter. Tarek war sowieso zu schockiert, um etwas zu sagen.
Stasi hatte es geschafft, das Drehkreuz zu passieren. „Mia, komm!"
„Warte!" Tarek hielt sie fest. „Was für ein Mädchen? Woher weiß sie das?"
Mia wandte sich ihm zu. „Das kleine Mädchen von heute Morgen", sagte sie nur.
„Das ist ja schrecklich!", murmelte Tarek entsetzt.
Ja, ist es auch! Und ich wünschte, wir wären nicht allein hierhergekommen. Alles Mögliche kann schiefgehen! Mia war auf einmal zum Weinen zumute. Es war ihr egal, was die anderen dachten, aber sie musste jetzt erstmal beten. Und zwar hörbar. „Gott, bitte hilf uns!", flüsterte sie. „Ich weiß nicht, ob wir das schaffen.

Bitte mach, dass uns keiner entdeckt und dass wir dieses Mädchen befreien können. Bitte beschütze uns. Ich weiß nicht, ob es richtig war, allein hierherzukommen, aber bitte, hilf uns!"
„Es war richtig", kam Stasis leise Stimme von der anderen Seite. „Das stand in der Bibel: Man soll für andere das tun, was man sich selbst auch wünscht."
Wäre Mia nicht so aufgeregt gewesen, hätte sie vielleicht den tieferen Sinn hinter ihren Worten verstanden. Aber so war das Einzige, was sie dachte: *Aha, ich habe also richtig vermutet, dass sie einfach in meiner Bibel gelesen hat. Das ist jetzt auch egal.*
„Und man muss tun, was Gott sagt. Das hast du mir selbst erklärt", hörte Mia Tarek zu ihrem größten Erstaunen leise sagen.
Ich fasse es nicht! Sie glauben nicht mal an die Bibel und reißen einfach irgendwelche Verse, die sie gelesen haben, aus dem Zusammenhang und wollen mich damit erpressen?
„Nun geh schon, Mia! Damit du rechtzeitig Hilfe rufen kannst!", drängte Tarek. Er hatte offenbar jeden Gedanken, selbst den Gang zu erkunden, zugunsten eines höheren Zieles fallen gelassen.
Jesus, bitte hilf uns!, betete Mia nochmals im Stillen, dann folgte sie Stasi in die Höhle.
Es war stockfinster bis auf das Licht von Tareks Taschenlampe, von dem Mia allerdings nicht viel hatte, denn Stasi hielt den Lichtkegel vor sich gerichtet. Mia stolperte und fiel nach vorne. Fast hätte sie Stasi zu Boden gerissen.
„Was machst du da?!", zischte das „Schulekel" erschrocken.
„Ich sehe nichts. Du musst die Lampe anders halten. Über deinen Kopf."
„Leuchte mit meinem Handy", wies Stasi sie an.
Ach ja, da ist ja eine Taschenlampe dran. Mia hatte vor Aufregung gar nicht daran gedacht.
Schließlich hatten sie den Höhlenboden erreicht. Schnurstracks ging Stasi auf die Öffnung am anderen Ende zu.
Der Weg in die Höhle des Löwen! Mia schauderte.
Ohne sich noch einmal umzudrehen, verschwand Stasi in dem Gang.
Mia hockte sich davor, das Handy einsatzbereit in der Hand. Da sah sie zu ihrem Entsetzen, dass sie hier überhaupt keinen Emp-

fang hatte. *Was hat Stasi sich nur dabei gedacht? Sie hat doch sonst alles so gut geplant! Was mache ich jetzt nur? Soll ich Tarek nicht besser das Handy geben? Aber dann komme ich nicht mehr hier unten hin, um zu hören, falls Stasi mich ruft. Es ist ja stockdunkel ...*
Mia beschloss, einfach hier vor dem Gang zu warten.
Hatte sie anfangs noch ganz schwach Stasis sich entfernende Schritte gehört, war nun alles still. Das einzige Geräusch war das leise Tropfen des Wassers von der Höhlendecke.
Nach einer gefühlten Ewigkeit sah Mia einen schwachen Schein im Gang. Kurz darauf erschien Stasi. Sie war allein, in ihrer Hand eine Puppe.
Oh nein! Irgendwas ist schiefgelaufen!
„Der Kessel hängt vor dem Ausgang. Ich schaffe es nicht, ihn wegzudrücken und gleichzeitig durchzukriechen!“, sagte Stasi frustriert. „Du musst mir helfen!“ Sie verschwand wieder im Gang.
Entgeistert starrte Mia ihr hinterher, ohne sich von der Stelle zu rühren.
Da erschien Stasi wieder in der Öffnung. „Nun komm schon! Du hast doch eben gebetet, dass Gott uns hilft.“
„Das heißt doch nicht, dass ...“ Mia brach ab.
Stasi sah sie einen Moment an. Verachtung kroch in ihren Blick. Sie nickte langsam. „Ach so. Dann ist das alles doch nur leeres Gerede. Ich hatte fast angefangen zu glauben, dass die Worte wirklich Kraft hätten. Aber dann ist es doch ein Buch wie jedes andere. Schlimmer noch. Es täuscht die Menschen.“
Ihre Worte waren wie Giftpfeile. Und sie erreichten ihr Ziel.
„Es ist kein leeres Gerede!“, sagte Mia und betrat den Gang. Von oben bröckelte etwas Kalk. *Hoffentlich stürzt die Decke nicht ein!* Ängstlich sah sie hoch. Dabei stolperte sie über lose Steine, die auf dem Boden lagen. Schnell schaute sie wieder nach unten. Mit jeder Faser wollte sie umdrehen und nach draußen rennen. Aber Stasi drängte sie weiter. Sie mussten über einige Geröllhaufen klettern, während der Gang die ganze Zeit bergauf führte. Nach einer schier endlos scheinenden Strecke erkannte Mia die

Öffnung hinter der Feuerstelle in der Küche. Sie war zum größten Teil von dem Kessel verdeckt.
Mia drückte sich mit aller Kraft gegen den schweren, großen Kupfertopf. *Stasi hätte Tarek mitnehmen sollen!* Keuchend hielt sie ihn zur Seite und Stasi schlüpfte vorbei. Gerade noch rechtzeitig konnte Mia verhindern, dass das schwere Gerät gegen sie donnerte.
„Planänderung: Geh zurück und komm mit Tarek zu den Klos. Die Seite links neben dem Eingang. Ich werde da aus dem Fenster klettern. Einer muss die Kleine annehmen. Das Fenster ist zu hoch für sie. Nimm die Lampe und gib mir das Handy."
Und wenn der Gang über mir zusammenstürzt? Da fiel ihr ein, dass das Handy ihr in dem Fall auch nichts helfen würde.
Stasi redete bereits weiter: „Du darfst auf keinen Fall die Lampe anlassen, wenn du aus der Höhle kommst, verstanden? Wenn wir entdeckt werden, sind wir geliefert!"
Gott, bitte hilf uns!, betete Mia während sie zurückhastete. Da war der erste Geröllhaufen. Eilig kletterte sie hinüber und rannte weiter. Hatte sie es sich früher am Tag noch abenteuerlich vorgestellt, einen Geheimgang zu erkunden, hatte sie nun das Gefühl, sich mitten in einem Albtraum zu befinden.

Auf der Flucht

Wo bleiben die denn nur? Ob es Probleme gab? *Die Kleine wird doch nie und nimmer freiwillig in den finsteren Gang gehen!* Tarek war sehr versucht, seinen Posten vor der Höhle zu verlassen. Oder waren die Mädchen gar geschnappt worden? *Wir haben gar nicht besprochen, was dann passiert!*

Unruhig sah er abwechselnd in die dunkle Grotte und rüber zur Burg. Aus einem Fenster hatte Licht geschienen, aber das war inzwischen aus. Wie ein drohender Finger hob sich der Burgfried schwarz gegen den Nachthimmel.

Irgendjemand dort misshandelt ein kleines Mädchen. Schade, dass ich nicht wie Mia bin und bete. Sie hatte vorhin einfach mit Gott geredet wie mit einer normalen Person – so, als ob Gott direkt neben ihr wäre, nicht irgendwo unerreichbar, weit weg, unnahbar. Sobald er zu Hause wäre, würde er die kleine Bibel von vorne bis hinten durchlesen. Er stellte es sich unglaublich praktisch vor, zu wissen, wie das mit dem Beten war.

Hinter ihm in der Tiefe erklang ein Geräusch. Tarek wirbelte herum. Ein Lichtschein war zu sehen. Angestrengt spähte Tarek in die Höhle. Endlich erschien eine Gestalt auf der Treppe, die vom Höhlenboden nach oben führte.

Scharf sog er die Luft ein. *Mia!* Und sie war allein. *Ich hab's geahnt!* Ihm brach der kalte Schweiß aus.

„Wir sollen zu den Klos gehen. Stasi kommt mit dem Mädchen da durchs Fenster", sagte Mia atemlos. „Auf der Seite links neben dem Eingang."

Stasis Orientierungssinn ist mindestens so gut wie meiner, musste Tarek sich eingestehen. Aber jetzt war nicht die Zeit, sich darüber zu ärgern.

So schnell sie konnten, liefen sie nun genau den Weg, den sie auf dem Hinweg extra gemieden hatten. Geduckt schlichen sie am Burgtor vorbei auf die linke Seite. Alles war still. Eins der Fenster war gekippt.

Zum Glück. Dann hören wir eher, wenn drinnen jemand ist.
Mit klopfenden Herzen warteten sie.
Jetzt hörte Tarek leise eine Tür gehen. Mia musste das Geräusch auch vernommen haben, denn sie hielt warnend einen Finger an die Lippen.
Kurz darauf kam Stasis geflüsterte Stimme: „Ich muss dich kurz mal runtersetzen, um das Fenster zu öffnen."
„Sie sind da!", hauchte Mia. Tarek sah die Angst in ihren aufgerissenen Augen. Er wollte sie beruhigen, aber seine eigene Angst war mindestens ebenso groß.
Da öffnete sich über ihnen das Fenster und Stasi lehnte sich heraus. Sie gab ein Daumen hoch und verschwand wieder. Kurz darauf erschien sie erneut, das Mädchen auf dem Arm. Die Kleine hatte die Puppe in der Hand. *Stasi hat sie tatsächlich dabei!*
„Gib Mia kurz deine Puppe", forderte Stasi leise das kleine Mädchen auf. „Sie hält deine Püppi fest, bis du unten bist."
Tarek sah, wie Mia die Hände ausstreckte.
Doch das Kind schüttelte den Kopf.
Oh nein! Wie soll das klappen, wenn das Mädchen nicht beide Hände frei hat, dass ich sie auffangen kann?, dachte Tarek panisch.
„Lilly, Mia passt auf deine Puppe auf. Ich schwö... Ich verspreche es dir!", drängte Stasi.
Sie soll ihr einfach das Ding abnehmen!
Doch Stasi sagte: „Es ist deine Puppe. Ich nehme sie dir nicht weg. Ich bin nicht so wie der Mann. Aber wenn wir uns nicht beeilen, kommt er und holt sie. Mia fängt sie für dich auf."
Blitzschnell ließ das Kind die Puppe fallen. Mia war vorbereitet und fing sie auf. Tarek nahm das Mädchen entgegen und sofort hielt Mia ihr die Puppe hin. Lilly drückte sie an sich und lehnte den Kopf an Tareks Schulter.
Neben ihm landete Stasi auf dem Boden.
„So. Schnell jetzt! Wir sparen uns den Umweg durch den Wald", bestimmte Stasi.
Mit dem Mädchen auf dem Arm war Tarek längst nicht so schnell wie er wollte. Auf halbem Weg warf er einen Blick zurück zur

Burg. Zu seinem Entsetzen brannte auf einmal wieder Licht in einem der Fenster. Der Schrecken, der ihm in die Glieder fuhr, tat richtig weh. Er musste kurz stehen bleiben. „Da!“, keuchte er und wies mit dem Kopf nach hinten.
„Oh nein!“, hauchte Mia.
Stasi hatte ihr Handy herausgenommen. „Geht weiter!“, flüsterte sie.
Tarek setzte sich wieder in Bewegung. Die Kleine wurde immer schwerer, aber die Angst trieb ihn voran.
Hinter ihm hörte er Stasis Handy tuten und dann die AB-Ansage von Frau Liebknecht.
„Sie geht nicht dran“, murmelte Stasi. Zum ersten Mal seit Beginn der Aktion hörte Tarek Angst in ihrer Stimme.
„Dann ruf die Polizei!“
Stattdessen quatschte Stasi der Lehrerin doch tatsächlich auf den AB!
Sie muss ihr doch nicht jetzt die Geschichte erzählen!
„Ruf die 110!“, drängte auch Mia.
„Nein, wir setzen Lilly auf deinen Gepäckträger und fahren zurück zum Freizeitheim. Wir sind fast bei den Fahrrädern.“
Tarek hatte zu viel Angst, um zu diskutieren.
Endlich erreichten sie die Stelle, an der sie die Räder im Wald geparkt hatten, und er setzte Lilly ab. Schnell zog er seine Jacke aus und legte sie auf den Gepäckträger, damit er etwas gepolstert war. Dann hob er das Mädchen aufs Fahrrad. „Halt dich schön mit beiden Händen an mir fest!“, wies er sie an. Aber die Kleine weigerte sich, die Puppe nochmal loszulassen. *Das darf doch nicht wahr sein! Wir müssen hier weg, und zwar schnell!* Er holte gerade Luft, um seine Anweisung zu wiederholen, da sagte Stasi zu der Kleinen: „Du hältst deine Püppi fest und Tarek hält dich fest.“
Sie hat gut reden!
Lilly nickte. Tarek war noch nie mit einem Kind auf dem Arm Fahrrad gefahren, und unter normalen Umständen hätte er es auch nie getan. Aber die Umstände waren eben nicht normal.
Er nahm die Kleine auf die Hüfte und hielt sie mit einem Arm.

Dann setzte er sich in Bewegung. *Bis zum Freizeitheim kommen wir so nie und nimmer – aber Hauptsache erstmal hier weg.* Zum Glück ging es etwas bergab, so dass er vor allem rollen konnte.
Auf einmal tauchten hinter ihnen Scheinwerfer auf.
Tarek fuhr an den Straßenrand, in der verzweifelten Hoffnung, dass irgendjemand anderes zufällig nachts die Straße von der Burg hinunterkam. Doch Stasi blieb mitten auf dem Weg.
Ein kräftiges Hupen erklang, und Tarek wäre vor Schreck fast in den Graben gefahren.
„Fahr weiter, Mia!“, rief Stasi. „Ich versperre ihm den Weg.“
Das ist wirklich klug! Tarek schwenkte ebenfalls wieder auf die Fahrbahn. Sein Arm, mit dem er Lilly hielt, zitterte vor Anstrengung.
Da erschienen zwei Scheinwerfer vor ihnen. Für zwei Fahrzeuge war die Straße zu schmal. Eins musste ausweichen und anhalten. Doch keiner der beiden Fahrer machte entsprechende Anstalten.
Auf einmal gab Stasi Gas. Sie überholte Mia und fuhr direkt auf das ihr entgegenkommende Fahrzeug zu. Dabei winkte sie wie wild.
Das Auto hielt und die Türen öffneten sich. Frau Liebknecht und Herr Wiebe stiegen aus. Tarek war so erleichtert, dass ihm die Tränen in die Augen schossen. In dem Moment rutschte sein Vorderrad an einem Stein ab. Tarek sprang vom Fahrrad, um nicht zu stürzen.
Der Fahrer des Wagens hinter ihnen war so dicht aufgefahren, wie es ging, und ebenfalls ausgestiegen. Es war der Burgführer. Er riss Tarek das Mädchen förmlich aus dem Arm. „Mein Kind! Meine Lilly!“ Er drückte sie an sich.
Die Kleine drehte demonstrativ den Kopf zur Seite. Sie machte keinerlei Anstalten, die Umarmung zu erwidern.
Der Burgführer wandte sich an den Hausvater: „Diese Kinder hier haben versucht, meine Tochter zu entführen!“, rief er aufgebracht. „Keine Ahnung, was sie sich dabei gedacht haben, aber ich werde Anzeige erstatten! Wegen Kindesentführung!“
„Das können Sie der Polizei auch gleich persönlich sagen“, erwiderte der Hausvater ruhig. Hinter ihm tauchte ein weiteres Paar Scheinwerfer auf.

„Das ist ja wohl nicht zu fassen!“, regte sich der Burgführer auf. Er drehte sich um und wollte zurück zu seinem Wagen gehen.
„Mooooment“, hielt ihn da eine resolute Stimme zurück. „Bevor sich die nächtliche Versammlung auflöst, habe ich ein paar Fragen an alle hier Anwesenden.“
Der Burgführer war noch wütender geworden. Er schien zu vergessen, dass er ein kleines, völlig verängstigtes Mädchen auf dem Arm hatte. „Ich erstatte Anzeige!“, brüllte er. „Wegen Hausfriedensbruch und Kindesentführung. Und wegen Verleumdung. Und nächtlicher Ruhestörung!“ Dabei hob er drohend die Faust. Der andere Arm hielt mit eisernem Griff das kleine Mädchen.
Verstört hielt Lilly sich ein Ohr zu, das andere drückte sie gegen ihre Puppe. „Nein, nein!“, wimmerte sie. Die Angst stand ihr ins Gesichtchen geschrieben.
„Setzen Sie die Kleine ab!“, wies einer der Polizisten den Burgführer an.
„Auf keinen Fall! Sie sehen doch, dass Sie ihr Angst machen!“, donnerte der Burgführer zornig.
„Herr Wilnus, ich fordere Sie im Namen der Polizei auf, die kleine Lilly sofort herunterzusetzen“, sagte der Polizist in einem Ton, der keine Widerrede duldete. Sein Kollege war inzwischen hinter den Burgführer getreten.
Es blieb dem Mann nichts anderes übrig, als das Kind hinunterzusetzen. „Glaub ihnen kein Wort, Lilly! Die nehmen dir deine Puppe weg und tun dir weh! Ich beschütze dich!“, schrie er, während die beiden Polizisten ihn zwischen sich nahmen.
Die Puppe an sich gepresst, stand das kleine Mädchen mit vor Entsetzen geweiteten Augen da und rührte sich nicht.
Wie furchtbar! Tarek wollte die kleine Lilly am liebsten wieder auf den Arm nehmen, aber er wusste nicht, ob das vonseiten der Polizei gestattet war. In dem Moment ging Stasi zu ihr, legte die Hand auf ihre Schulter und flüsterte ihr irgendwas ins Ohr. Lilly drehte sich weg von den Polizisten und dem Burgführer und lehnte ihren Kopf an sie.
Als Herr Wilnus im Polizeiwagen untergebracht war, stellte der andere Beamte den drei Schülern eine Reihe Fragen. Das meiste hatte natürlich Stasi zu sagen.

„Ich danke euch für eure Auskunft. Dann würde ich sagen, jetzt ist definitiv Schlafenszeit." Der Polizist wandte sich an den Hausvater: „Danke, Herr Wiebe, dass Sie und Ihre Frau wieder so schnell einsatzbereit sind."
Als das Polizeiauto mit Herrn Wilnus davongefahren war, hockte der Hausvater sich zu Lilly und sagte freundlich: „Lilly, deine Puppe will schlafen. Wir bringen sie zusammen in ein Bett, wo sie bei dir bleiben kann und niemand sie dir abnimmt."
Auf dem Weg zurück zum Freizeitheim erfuhren sie, dass Wiebes auch in der Vergangenheit immer wieder Kinder in Bereitschaftspflege genommen hatten. Erreichte sie ein Notruf, mussten sie innerhalb von dreißig Minuten bereit sein, einem gefährdeten Kind vorübergehend ein sicheres Zuhause zu geben. Zu ihrer Ausstattung gehörte demnach auch ein Kindersitz, den Herr Wiebe aus dem Kofferraum geholt und für Lilly passend auf den Sitz geschnallt hatte.
Stasi saß neben der Kleinen und hielt ihre Hand, und es dauerte nicht lange, da war sie eingeschlafen.

Stasi

Frau Liebknecht fragte ihre drei Schüler mehrfach, ob sie von ihren Eltern abgeholt werden wollten oder sie das Bedürfnis hätten, weiter über das Erlebte zu sprechen. „Ich bin für euch da!“
Doch Mia, Stasi und Tarek lehnten ab. „Ich glaube, ich will einfach nur noch schlafen“, sagte Tarek.
„Ich auch“, nickte Stasi.
„Danke für das Angebot, Frau Liebknecht. Das ist echt nett von Ihnen. Aber ich will auch am liebsten so schnell es geht in mein Bett“, sagte Mia. Sie würde über alles reden wollen, unbedingt, aber nicht jetzt. Sie wollte niemanden mehr sehen und nirgendwo mehr hin. Sie wollte einfach nur an einem sicheren Ort sein, wo sie runterfahren konnte.
Sie machte sich nicht die Mühe, ihren Schlafanzug anzuziehen. Mitsamt Kleidern legte sie sich auf ihr Bett. Obwohl sich die Ereignisse der letzten Stunden bei Dunkelheit abgespielt hatten, waren sie so grell in ihrem Kopf wie neonfarbene Scheinwerfer, die sich hin- und herbewegten, so dass an Schlaf nicht zu denken war. Sie versuchte, das, was passiert war, einigermaßen zu erfassen. Aber in ihr war nur ein einziges Chaos, und sie fragte sich, ob sie das wirklich alles erlebt hatte.
Mit den Händen hinter dem Kopf verschränkt lag sie auf dem Rücken und starrte in die Dunkelheit.
Nicht auszudenken, was passiert wäre, wenn die Polizei nicht rechtzeitig gekommen wäre! Wahrscheinlich wäre genau das passiert, was Stasi unbedingt vermeiden wollte. Wie gut, dass Frau Liebknecht aufs Klo musste und zufällig ihr Handy gecheckt hat.
Die Lehrerin war nach Abhören ihres ABs zum Zimmer ihrer Schülerinnen gegangen und hatte nachgesehen. Anschließend hatte sie Tareks Zimmer aufgesucht. Möglicherweise hätte sie das Ganze als Gipfel der Unverschämtheit des „Schulekels“ abgetan, wenn nicht Mia und Tarek dabei mitgemacht hätten. Frau Liebknecht hatte sofort die Polizei informiert und geistesgegenwärtig den Hausvater aus dem Bett geklingelt.

Und wie gut, dass Stasi so ausführlich auf den AB gesprochen hat! Unterwegs auf der Flucht hatte Mia noch gedacht, dass jetzt so ziemlich der schlechteste Zeitpunkt wäre, um zu berichten, was sie in der Burg entdeckt hatten. Aber wie sich herausgestellt hatte, war es genau richtig gewesen. Denn so hatte die Polizei sofort Bescheid gewusst, dass es sich hier um einen Mann handelte, den sie schon eine Weile im Visier hatten.

Dass Stasi sich so für dieses Mädchen, Lilly, eingesetzt hat! Ich hätte es nie für möglich gehalten, dass sie an jemand anderes denkt als an sich selbst! Mia fragte sich, was jetzt aus der Kleinen aus der Burg würde. *Jesus, ich bitte dich, dass du Lilly hilfst,* betete sie still.

Auf einmal ließ ein Geräusch vom oberen Stockbett sie zusammenzucken.

Stasi weint! Einige Augenblicke lauschte Mia ungläubig. Vielleicht, weil sie es nur gewöhnt war, dass ihre Zimmernachbarin andere zum Weinen brachte, vielleicht, weil weinen etwas Menschliches war und Stasi sich (bis heute) nicht als Mensch verhalten hatte. Jedenfalls war das Geräusch so ungewohnt und unerwartet, dass Mia zunächst einfach nur zuhörte.

Schließlich schlüpfte sie aus dem Bett und ging hinüber. „Du hast getan, was du konntest, Stasi. Ich bin mir sicher, es wird alles gut“, sagte sie leise. „Lilly ist jetzt erstmal bei Wiebes gut aufgehoben.“

Stasi reagierte nicht. Sie schluchzte einfach weiter – nicht laut, aber so hoffnungslos, wie Mia noch nie jemanden weinen gehört hatte.

Eben im Wald wirkte sie noch so abgeklärt und stark. Vielleicht war das alles zu viel für sie. Sie war schließlich diejenige, die den schlimmsten Teil der Aktion gemacht hat, nämlich in die Burg gehen und Lilly rausholen. Hilflos stand Mia an Stasis Bett. Auf einmal fiel ihr ein, für ihre Zimmernachbarin zu beten. „Jesus, du siehst, wie sehr Stasi das alles mitnimmt. Bitte hilf ihr, sich nicht so aufzuregen. Hilf ihr, dir zu vertrauen ...“ Ohne es beabsichtigt zu haben, sprach sie die Worte hörbar aus. „... Danke, dass Lilly jetzt in Sicherheit ist. Danke, dass unterwegs auf

dem Fahrrad nichts passiert ist – dass Tarek nicht gestürzt ist mit ihr, oder so. Und danke, dass der Mann uns nicht eher erwischt hat – in der Burg oder so. Und danke, dass Lilly mitgekommen ist. Und dass der Gang nicht eingestürzt ist ..." Je länger sie betete, desto mehr wurde ihr bewusst, was alles hätte schiefgehen können.
Zu ihrer Erleichterung wurde Stasi ruhiger. Und auch Mia half das Beten, die Geschehnisse der letzten Stunden wenigstens etwas zu sortieren.
Sie wollte gerade in ihr Bett zurückgehen, als sie das „Schulekel" hinter sich sagen hörte: „Der Mann aus der Burg ist wie mein Onkel."
Mia wirbelte herum. Mit zwei Schritten stand sie wieder an Stasis Bett. Sie öffnete den Mund, aber es kamen keine Worte heraus.
Stasi redete weiter: „Ich fühle mich wie ein Stück Dreck. Aber ich kann nichts machen. Meine Mutter hält zu ihm, weil er ihr Geld gibt. Mir gibt er auch Geld."
Mia blinzelte. Sie merkte, wie ihr schwindelig wurde und sie musste sich an Stasis Bett lehnen. „Aber irgendjemand muss dir doch helfen!", sagte sie mit zitternder Stimme.
„Ich hab's ja versucht. Ich war bei allen unseren Nachbarn. Aber die haben mir nicht geglaubt. Einer wurde sogar richtig böse. Was mir frechen Göre einfiele, solche Lügen zu verbreiten. Und dann noch über einen Mann der Kirche!"
Das ... ist ... furchtbar ... „Aber das Jugendamt kann dir doch bestimmt helfen", wandte Mia schwach ein.
Stasi lachte trocken. „Die habe ich schon so oft angelogen, ich weiß nicht, ob mir da irgendjemand glauben würde. Außerdem hat meine Mutter gesagt, wenn die das erfahren, stecken die mich in ein Heim. Dagegen wäre mein Onkel gar nichts. Und dann würde sie auch nicht mehr zu mir halten, wenn ich mich in der Schule schlecht benehme."
Stasi ist genauso ein Opfer wie Lilly! Mia sank auf den Fußboden. Sie begann am ganzen Körper zu zittern. *Das ist zu viel!*
Von irgendwo weit weg kam Stasis Stimme: „Mia? Mia, was ist los? Wach auf!" Sie spürte, wie sie unter den Armen gepackt und

ihr Oberkörper angehoben wurde. „Jesus, du musst Mia helfen, bitte!“

Betet Stasi gerade? Mühsam öffnete Mia die Augen. „Es ist okay. Das war nur alles ein bisschen too much“, sagte sie mit schwerer Zunge.

Stasi legte sie zurück auf den Fußboden. „Ich hole Frau Liebknecht.“

„Nein, nein. Es geht schon wieder. Tut mir leid. Ich wollte nicht in Ohnmacht fallen.“ Mia stützte sich auf einen Arm und richtete sich halb auf. „Es tut mir so leid, Stasi! Ich hatte ja keine Ahnung.“

Das „Schulekel“ zuckte die Schultern. „Ist nicht deine Schuld.“

Sie schwiegen eine Weile. Mia wartete, dass das Blut vollständig in ihren Kopf zurückkehrte. Was ein paar Minuten dauerte, weil sich dort gerade alles überschlug. *Stasi wird missbraucht. Ist sie deswegen so abscheulich? Weil sie selbst abscheulich behandelt wird?*

„Hast du das schon öfter erlebt, dass Gott dir geholfen hast, wenn du gebetet hast?“, hörte sie ihre Zimmernachbarin auf einmal fragen.

Mia schob die Gedanken beiseite, die sie überfallen und erneut lahmlegen wollten. „Ja, habe ich.“ Das Karussell in ihrem Kopf verlangsamte seine Fahrt. „Aber manchmal sehe ich das zuerst nicht, dass er mir hilft, weil er mir komplett anders hilft, als ich mir das vorgestellt habe.“

„Erzähl!“, drängte Stasi.

„Na, heute Nacht, zum Beispiel. Oder überhaupt mit dieser Klassenfahrt. Ich wollte nicht mit dir in ein Zimmer. Und dann auch noch ohne Emily! Ich dachte, du machst die ganze Zeit schlimme Sachen.“ Sie räusperte sich verlegen, aber jetzt war nicht die Zeit für falsche Zurückhaltung. „Ich hatte so gehofft, dass Gott macht, dass du nicht mitfährst. Und als du mir dann auch noch auf meinen verletzten Finger getreten bist, habe ich nur noch gebetet, dass Mama mich endlich abholt. Na ja, wie du weißt, ist beides nicht passiert. Und jetzt bin ich richtig froh, dass sie mich am ersten Abend nicht abgeholt hat und dass wir in einem Zimmer sind. Zu zweit.“

„Ich auch“, sagte Stasi leise.

Wieder zu Hause

Mia und Stasi waren nicht beim Frühstück. Auf die Frage eines Mitschülers, wo die beiden seien, erklärte Frau Liebknecht: „Sie hatten eine schlechte Nacht und werden heute Mittag abgeholt. Also lasst sie bitte in Ruhe.“
Natürlich gab es sofort Vermutungen und Gerüchte. Sie reichten von „Magen-Darm“ bis zu „Klopperei“, und eins der Mädchen wollte gar Hilfeschreie aus dem Zimmer der beiden gehört haben. Tarek wusste es natürlich besser, zumindest teilweise. Aber er beabsichtigte nicht, seinen Klassenkameraden auch nur ein Sterbenswörtchen über die wahren Hintergründe zu erzählen. Seine Zimmernachbarn und auch sonst seine Mitschüler hatten null Ahnung von dem, was sich in der Nacht ereignet hatte.
Auch die Telefonate, die Frau Liebknecht am Vormittag geführt hatte, hatte niemand mitbekommen.
Vor dem Mittagessen schickte die Lehrerin Tarek zum Hausvater. „Ich vermisse noch drei Fahrräder“, sagte der Mann freundlich. „Und da du dich ja nicht durch drei teilen kannst, nehmen wir den Bulli, einverstanden?“
Tarek grinste etwas schief und nickte. Er hatte den ganzen Vormittag schon überlegt, wie die Räder wohl zurückkommen würden, vor allem ohne die Hilfe von Mia und Stasi. „Das ist sehr nett von Ihnen“, sagte er verlegen.
Unterwegs erfuhr Tarek nochmal von Herrn Wiebe, dass schon länger vermutet wurde, dass auf der Burg nicht alles so war, wie es schien. Aber nie hatte es handfeste Anhaltspunkte gegeben, die ein Eingreifen der Behörden möglich gemacht hätten.
„Du hast zwei sehr mutige Mitschülerinnen“, sagte der Herbergsvater. „Es ist immer leichter, einfach wegzugucken. Trotzdem war es nicht gut, dass ihr die Aktion auf eigene Faust durchgeführt habt.“
„Ich wusste nichts davon!“, verteidigte sich Tarek. Er hatte dem Beamten in der Nacht bereits das Gleiche erzählt.

„Ja, ich weiß. Aber falls du nochmal in eine Situation kommen solltest, bei der du mit Missbrauch konfrontiert wirst, versuche nicht, die Dinge allein zu regeln. Und ich will auch noch einmal unterstreichen, dass zu schweigen bei so etwas genau das Falsche ist. Das Schweigen zu brechen, ist zwar zuerst mit Angst verbunden, aber das Böse muss ans Licht. Sonst geht die Zerstörung immer weiter.“
„Haben Sie so etwas schon öfter mitbekommen?“, erkundigte sich Tarek.
„Als Hausvater erlebt man so einiges. Und in der Bereitschaftspflege sowieso“, sagte Herr Wiebe nur.
Sie hatten die Stelle erreicht, an der die Fahrräder im Wald versteckt waren. Erleichtert stellte Tarek fest, dass alle drei noch da waren. Gemeinsam luden sie die Drahtesel in den großen Kofferraum.
„Danke für Ihre Hilfe. Und dass Sie nicht geschimpft haben“, sagte Tarek kleinlaut.
„Gern geschehen. Schimpfen ist zwar auch hin und wieder erforderlich, aber diesmal war es nicht nötig.“ Der Hausvater zwinkerte Tarek freundlich zu.
Er ist wirklich sehr nett – genau die richtige Sorte Mensch für diesen Job. Und irgendwie fühlt man sich bei ihm sicher. Das hatte er letzte Nacht besonders deutlich gemerkt. Die Anwesenheit von Herrn Wiebe war mindestens genauso beruhigend gewesen wie die der Polizei. Und auch die kleine Lilly schien instinktiv gespürt zu haben, dass sie hier nichts zu befürchten hatte.
Tarek stellte sich vor, sein Vater würde ein Freizeitheim leiten. Tarek hatte keine Zweifel, dass er das *könnte. Aber er würde bestimmt nicht so geduldig und freundlich mit einem fremden Jungen Fahrräder abholen.*
Auf der Rückfahrt wurden Tarek die Augen schwer. Er war froh, dass der Nachmittag zur freien Verfügung war und er schlafen konnte.
Hatte er in der Nacht davor (oder dem, was davon noch übriggeblieben war, nachdem sie wieder im Freizeitheim angekommen waren) gefühlt gar nichts geträumt, erlebte er nun alles nochmal

mit ein paar zusätzlichen Szenen. Zum Beispiel hielt er auf dem Weg zur Höhle Mias Hand, und er schob auch nicht Wache vor dem Drehkreuz, sondern stieg in die Höhle hinunter und lief gebückt durch den Gang. Im Traum war er auch bei der Begegnung mit Lilly in der Burg dabei. Er fragte Mia gerade, wie das mit dem Beten war, als jemand seine Schulter rüttelte. Tobias.
„Abendessen, du Penner! Was pennst du die ganze Zeit, Mann?"
„Seine Flamme ist nach Hause gefahren. Da fehlt einfach der Adrenalinkick", meinte Louis frotzelnd. „Aber das können wir gleich ändern." Er stürzte sich auf Tarek und kniff ihn in die Seiten."
„Aaaah! Nein!", quiekte Tarek. Er drückte seine Ellbogen gegen die Rippen, um das Durchkitzeln zu stoppen, und rollte sich aus dem Bett.
„Na, was sage ich", grinste Louis.
Zu dritt gingen sie zum Abendessen. Es gab Pommes und Würstchen, und alle fielen über das Essen her.
„Das hier wäre was für Stasi!", grinste Tobias. „Wisst ihr noch, wie sie den Ketchup aus der Cafeteria als ‚Blutspur' auf dem Gang verteilt hat?"
Louis sprang sofort auf das Thema an. Aber obwohl Tarek sich ebenfalls noch sehr gut an diese Episode erinnern konnte, hatte er irgendwie keine Lust, die alten Schandtaten des „Schulekels" aufzuwärmen. Letzte Nacht hatte Stasi sich so ganz anders verhalten als sonst, und er fragte sich, was wohl die richtige Stasi war.
Louis entging seine Schweigsamkeit natürlich nicht. „Was ist denn mit dir los, du Langweiler? Erst pennst du den ganzen Nachmittag und jetzt kriegst du den Mund nicht auf! Komm, Mia ist nur ein Mädchen. Es ist nett, eine Schnepfe zu haben, aber das Leben macht auch ohne Spaß!"
Zum Glück stand in dem Moment Herr Heinrich auf, um eine Ansage zu machen: „Wir treffen uns um 20.00 Uhr beim Eingang. Herr Wiebe wird uns ein paar Hinweise über das Verhalten nachts im Wald geben. Nehmt euch eine Trinkflasche und eine Jacke mit ..."

Tarek hörte nicht mehr richtig zu. Hatte er noch vor weniger als 24 Stunden der Nachtwanderung mit freudiger Erwartung entgegengeblickt, hatte er nun keine richtige Lust mehr darauf. Das Geplänkel seiner Zimmernachbarn nervte ihn fürchterlich. Waren sie immer schon so oberflächlich gewesen?
Wie Lilly wohl damit zurechtkam, jetzt auf einmal bei Wiebes zu wohnen? Ob sie jemals ein „normales“ Leben würde führen können? Bestimmt wäre sie doch für immer geschädigt. Was für eine Strafe Herr Wilnus wohl bekäme? *Schon krass, dass ich den Gang überhaupt nicht betreten habe!*
Er war so in Gedanken, dass er stolperte und fiel. Dummerweise auf eine Brombeerranke. „Autsch!“ Ein dicker Dorn steckte in seinem Handballen. Zum Glück gelang es Herrn Wiebe, ihn vollständig zu entfernen. Aber die Stelle schmerzte trotzdem weiter. *Gut, dass so was letzte Nacht nicht passiert ist,* fuhr es Tarek durch den Kopf. Während er mit den anderen aus seiner Klasse durch den Wald stapfte, musste er wieder daran denken, wie Mia gebetet hatte. *Sie hat einfach mit Gott geredet.* Ob er das auch tun konnte? Er wünschte sich, er wäre auch bereits wieder zu Hause. Dann könnte er in Ruhe in der kleinen Bibel lesen, die er geschenkt bekommen hatte. Und vielleicht mit seiner Mutter über das sprechen, was geschehen war.
Doch als sein Vater ihn am Freitagmittag vom Busbahnhof abholte, war ihm schnell klar, dass daraus nichts wurde.
„Was hältst du davon, wenn wir zwei uns ein schönes Wochenende machen?“, grinste Omar Meisenbusch.
„Ist Mama nicht da?“
„Sie hat nichts dagegen“, sagte sein Vater nur.
Ich aber. Er hatte sich schon darauf gefreut, von seiner Mutter in den Arm genommen zu werden. Wenn sie allein waren.
„Hey, was machst du für ein Gesicht? Ich dachte, wir fahren in den Center Park.“ Erwartungsvoll sah sein Vater ihn an.
Tarek gelang es, die Mundwinkel zu heben. „Das ist cool, Papa. Wirklich.“ *Ist es wirklich. Ich habe einen Vater, der sich gut um mich kümmert.* Tarek schob die Erlebnisse von vorletzter Nacht beiseite. Und seine Mutter umarmen konnte er auch noch, wenn

sie Sonntag wieder zu Hause wären. Jetzt würde er das Wochenende mit seinem Vater genießen und ihn nicht enttäuschen.
Es gelang ihm tatsächlich, zumindest tagsüber, denn Omar Meisenbusch ließ keinen Wunsch offen. Bogenschießen, Laser Battle, Bouldern, Ninebot – sie nahmen alles mit, worauf Tarek Lust hatte. Und er durfte sich wünschen, wo er essen wollte. *Es ist voll cool, dass Papa das mit mir macht!*, sagte er sich jedes Mal, wenn die Bilder der Klassenfahrt in ihm aufstiegen, und drückte den Deckel darauf. Tarek konnte sich nicht erinnern, je so viel Spaß mit seinem Vater gehabt zu haben.
Jede Aktion wurde in einem Video festgehalten.
„Danke, Papa!“, sagte er auf dem Heimweg. „Das war mega.“
„Hey, klar. Du bist mein Sohn, oder nicht?“, schmunzelte Omar Meisenbusch. Tarek hörte den Stolz in seiner Stimme und ein warmes Gefühl durchströmte ihn. Er konnte sehen, dass sein Vater mindestens genauso glücklich war wie er selbst.
Sie bogen zu Hause in die Einfahrt. „Ist Mama da?“
„Sieht so aus“, nickte Tareks Vater und deutete zum Küchenfenster.
Ohne es zu merken, grinste Tarek. Es war wirklich cool gewesen mit seinem Vater. Aber er war sehr froh, dass er auch eine Mutter hatte. Und als sein Vater kurz darauf das Haus verließ und Vera Meisenbusch fragte: „Und wie war‘s auf der Klassenfahrt?“, konnte er endlich über seine private Nachtwanderung reden.
Es half ihm ungemein zu sehen, wie das Leid der kleinen Lilly sie traf. Während er erzählte, wich immer mehr von dem Schweren auf seinen eigenen Schultern. Dass sie über die Rettungsaktion nicht erfreut war, war ihm von vornherein klargewesen.
„Hol dir immer Hilfe, wenn du so etwas mitbekommst, Tarek“, sagte sie sehr ernst. „Sonst kann es sein, dass es nur noch schlimmer wird. Wenn du nicht mit mir darüber sprechen möchtest, ist das okay. Dann wende dich an einen anderen Erwachsenen deines Vertrauens.“
Tarek nickte. „Herr Wiebe hat das auch gesagt. Er ist wirklich sehr nett. Seine Frau auch. Aber sie konnte in der Nacht nicht mit. Lilly hat es bestimmt gut bei ihnen. Hoffentlich kann sie dortbleiben.“

„In der Bereitschaftspflege bleiben Kinder nur, bis sie ein festes Zuhause gefunden haben“, sagte seine Mutter.
„Sie muss da wieder weg?“, fragte Tarek beunruhigt.
„Normalerweise schon, ja.“
„Das ist ja schlimm! Dann weiß sie ja gar nicht, wo sie hingehört“, murmelte Tarek.
„Ja, es ist schlimm“, nickte seine Mutter. „Deswegen bleiben die Kinder nur so lange wie unbedingt nötig in dieser ersten Familie, damit sie sich nicht binden. Leider gibt es viel zu wenig Pflegefamilien. Und viel zu viele Kinder, die dringend ein sicheres Zuhause brauchen.“
„Können wir nicht ein Kind aufnehmen?“, fragte Tarek. Er stellte es sich schön vor, ein Geschwisterchen zu haben.
„So eine Entscheidung muss sehr, sehr gut überlegt werden“, sagte seine Mutter nur.
Als Tarek im Bett lag, musste er weiter an die kleine Lilly denken. Ob sie auch eine Mutter hatte? *Wahrscheinlich nicht. Welche Frau würde zulassen, dass ihr Kind missbraucht wird?* Wieder fiel ihm ein, wie Mia gebetet hatte. Das erinnerte ihn daran, dass er ja in der Bibel lesen wollte. Sie war noch in seinem Schulrucksack.
Er holte sie heraus und schlüpfte damit wieder in sein Bett. Da sie so klein und leicht war, konnte er sie bequem im Liegen halten. Er versuchte, die Stelle von dem Schaf wiederzufinden. Dabei weckte eine andere Überschrift sein Interesse: „Kreuzigung und Tod“. Das hörte sich spannend an. Er begann zu lesen: „Und als sie ihn verspottet hatten, nahmen sie ihm den Mantel ab, zogen ihm seine Kleider wieder an und führten ihn ab, um ihn zu kreuzigen ... Als sie ihn aber gekreuzigt hatten, verteilten sie seine Kleider und warfen das Los darum. Und sie saßen da und bewachten ihn. Und oben über seinem Kopf war seine Schuld aufgeschrieben: Das ist Jesus, der König der Juden.“
Ich frage mich, warum sie den König gekreuzigt haben. Er muss irgendwelche schlimmen Verbrechen begangen haben, sonst wäre er nicht so hingerichtet worden. Aus dem Geschichtsunterricht wusste er, dass die Kreuzigung bei den Römern die grausamste und menschenunwürdigste Todesstrafe gewesen war.

Tarek blätterte ein paar Seiten zurück und überflog die Überschriften. Doch da stand nichts von irgendwelchen Gräueltaten eines jüdischen Königs namens Jesus. Ganz im Gegenteil: Dieser Jesus hatte vielen Menschen geholfen und gepredigt – zum Beispiel über das Schwören ...

Das kann doch nicht sein. Vielleicht hat er heimlich irgendwas Schreckliches gemacht, so wie der Mann von der Burg.

Er blätterte wieder zu der Seite mit dem Bericht von der Kreuzigung. Da sah er, dass der Abschnitt unmittelbar davor überschrieben war mit „Jesu Verurteilung und Verspottung".

Das hätte ich mal gleich lesen sollen!

Doch zu seiner großen Verwunderung stellte Tarek fest, dass er nicht der Einzige war, der keine Verbrechen von Jesus entdecken konnte: Selbst der römische Statthalter fand keine Schuld an dem Gefangenen, der ihm da gebracht worden war.

Pilatus' Frau hatte sogar einen Traum wegen Jesus und schickte extra eine Nachricht an ihren Mann, dass er die Finger von diesem Unschuldigen lassen sollte. Er hätte ihn so leicht freigeben können, aber weil alle im Volk schrien: „Lass ihn kreuzigen!", hat er schließlich nachgegeben. Bevor Jesus abgeführt wurde, haben die Soldaten ihn noch gefoltert. Ich frage mich, was der Unterschied zwischen Misshandlung und Folter ist.

Tarek stellte sich vor, die Dornen, in die er auf der Nachtwanderung versehentlich gefallen war, wären als Krone auf seinem Kopf und dann würde auch noch jemand mit einem Stock darauf schlagen.

Aber das war bestimmt gar nichts gegen die Kreuzigung. Ich frage mich wirklich, warum die ihn unbedingt loswerden wollten. Und dann noch auf so eine schreckliche Weise. Ob das mit der Dunkelheit und dem Erdbeben deswegen kam? Weil ein Unschuldiger absichtlich hingerichtet wurde? Aber warum schrie Jesus dann, dass Gott ihn verlassen hätte?

Tarek hatte nur eine sehr vage Vorstellung von Gott, aber irgendwie hätte er angenommen, dass Gott sich eher zu den Unschuldigen stellte, als sie in ihrer schwersten Stunde zu verlassen.

Oder war das ein anderer Gott als der, zu dem Mia betet?

Der römische Hauptmann, der die Kreuzigung überwacht hat und alles sah, was da passierte, sagte, Jesus wäre Gottes Sohn gewesen. Aber wie kann das denn sein? Vorausgesetzt, Gott hätte wirklich einen Sohn gehabt, warum hat er ihn auf so grausame Weise sterben lassen? Warum hat er seinen Sohn nicht gerettet? Das ergibt doch alles überhaupt keinen Sinn!
Tarek gähnte. Heute Abend würde er all diesen Fragen nicht auf den Grund gehen können. *Ich werde Mia morgen in der Schule fragen. Hoffentlich ist sie da.* Er legte das Neue Testament auf sein Nachtschränkchen und löschte das Licht.
Hätte er gewusst, welchen Weg er mit seiner Suche nach Antworten beschritten hatte, wäre er wahrscheinlich wieder umgedreht.

Narben

Mia war furchtbar erleichtert, dass Frau Liebknecht nun wegen Stasi Bescheid wusste. Die Last hatte sie in der Nacht fast erdrückt.
Sie waren am Mittwochvormittag zusammen zu der Lehrerin gegangen. Stasi hatte darauf bestanden, dass Mia mitkam.
„Es ist sehr mutig von dir, dass du das nicht länger versteckst“, hatte Frau Liebknecht zu dem „Schulekel“, das keins mehr war, gesagt. „Wenn Unrecht geschieht, sind es die Feiglinge, die den Mund halten.“
„Es war, wie in einen Spiegel zu gucken, als ich dieses kleine Mädchen gesehen habe“, hatte Stasi leise erwidert. „Ich glaube, da habe ich erst gemerkt, wie schlimm es wirklich ist.“
Was dann weiter passierte, bekam Mia nicht mehr mit, weil ihre Mutter auf der Matte stand. Sie war nicht erfreut, ihre Tochter zwei Tage eher abzuholen. Natürlich wollte sie wissen, was vorgefallen war. Frau Liebknecht hatte ihr am Telefon lediglich ihre Seite der Geschichte in knappen Worten geschildert. Und auch jetzt beim Abholen hielt sie sich sehr zurück. Außerdem musste sie noch einiges wegen Stasi klären.
Mia berichtete von der Rettungsaktion.
Noch bevor sie fertig war, rief ihre Mutter aus: „Ich fasse es nicht! Meine Tochter schleicht sich nachts heimlich weg, um auf eigene Faust so eine Aktion zu starten? Das hätte schiefgehen können, Mia! Sehr schief!“ Sie schüttelte den Kopf. „Bei so etwas musst du immer eine erwachsene Vertrauensperson einschalten! Dir hätte wer weiß was passieren können! Euch allen! Das war völlig blauäugig!“ Sie war sehr aufgebracht.
„Aber Mama, dieses Mädchen brauchte Hilfe! Und wir waren nicht blauäugig. Stasi hatte sich das genau überlegt ...“
„Es ist mir egal, was Stasi sich überlegt hat!“, unterbrach ihre Mutter sie. „Mach so etwas nie wieder, hörst du? Dafür gibt es Anlaufstellen, an die man sich wenden kann, wenn man ei-

nen Verdacht hat. Wir können so dankbar sein, dass wir in einem Land leben, in dem es solche Hilfemöglichkeiten gibt!" Sie schlug eine Hand vor ihr Gesicht. „Stattdessen nimmt meine Tochter das selbst in die Hand!"
Mia spürte, wie sie immer frustrierter wurde. Sie hatte gehofft, dass ein Gespräch mit ihrer Mutter ihr helfen würde, Dampf abzulassen und sich zu sortieren, aber das Gegenteil war der Fall. Sie schloss die Augen und verschränkte die Arme vor der Brust. „Okay, Mama. Es ist okay. Du kannst aufhören. Ich habe dich verstanden." Aber es war nicht okay, und sie merkte, dass sie unbedingt nochmal mit jemandem über das Ganze sprechen musste, *aber nicht mit Mama. Darauf ist mir definitiv die Lust vergangen! Und von Stasi werde ich ihr definitiv NICHT erzählen.*
Den Nachmittag verschlief sie und auch am Abend blieb sie in ihrem Zimmer.
Als ihr Vater von der Arbeit nach Hause kam und an ihre Tür klopfte, um sie zu begrüßen, war sie ziemlich einsilbig. Sie hatte keine Lust auf weitere Vorwürfe.
Doch ihr Vater hatte offenbar beschlossen, die Angelegenheit von seiner Seite aus nicht anzusprechen, denn er sagte nur: „Bin froh, dass du gut wieder da bist, Mi-chen" und drückte sie mit einem Arm.
Mia nickte. Die Vorstellung, jetzt mit den anderen aus ihrer Klasse durch den gleichen Wald zu laufen, durch den sie gestern Nacht geflüchtet waren, zauberte kein Strahlen auf ihr Gesicht. Sie lehnte kurz den Kopf an seine Schulter. *Und ich bin froh, dass du so bist, wie du bist,* dachte sie.
Am Sonntag nach dem Gottesdienst kam Tabea auf sie zu. „Hey, du bist von der Klassenfahrt wieder zurück. Wie ging's dir mit deiner Zimmernachbarin?", fragte sie lächelnd.
„Das ... ist mehr, als ich in einem Satz sagen kann", meinte Mia. Ihr fiel ein, dass ihre Rangerleiterin versprochen hatte, jeden Tag für sie zu beten, und fügte an: „Deine Gebete sind auf jeden Fall erhört worden."
„Voll cool!", freute sich Tabea. „Darf ich ein bisschen mehr erfahren? Wenn du Lust hast, kannst du zum Mittagessen mit zu mir kommen."

„Das mache ich!“, nickte Mia. „Danke!“
Ihre Mutter war zuerst nicht ganz so begeistert, aber Mia bekam Unterstützung von ihrem Vater und so stieg sie bei „Mama Oberfuchs“ ins Auto.
Obwohl Mia so voll war, dass sie hätte platzen können, wusste sie nicht, wo sie anfangen sollte. Tabea drängte sie nicht. Erst, als sie beim Nachtisch waren, fragte sie: „Konntest du die ganze Klassenfahrt dableiben oder musstest du eher abgeholt werden?“
„Hast du mit Mama geredet?“, fragte Mia alarmiert.
„Nein. Ich habe mir nur vorgestellt, dass du wahrscheinlich Tag und Nacht unter Strom standest, nach dem, was du bei den Füchsen von deiner Zimmernachbarin erzählt hattest. Ich dachte mir einfach, wenn ich in deinen Schuhen gewesen wäre, wäre ich bestimmt am liebsten abgehauen.“
„Ich wurde tatsächlich eher abgeholt ...“
Und dann erzählte Mia. Je länger sie redete, desto mehr sprudelten die Eindrücke aus ihr heraus und ihre Gefühle dabei.
Tabea unterbrach sie nicht. Aufmerksam und teilnahmsvoll hörte sie zu. Zwischendurch nickte sie ein paarmal.
Es tat Mia unheimlich gut, das alles rauszulassen. Schließlich atmete sie tief durch. „Deswegen wurde ich eher abgeholt.“
„Puh!“ Mehr sagte Tabea erstmal nicht.
Sie schwiegen eine Weile.
„Stasi tut mir so leid“, fing Mia irgendwann wieder an. „Ich meine, ihr ganzes Leben ist doch für immer ruiniert.“
Tabea sah sie mit einem kleinen Lächeln um den Mund an. „Das sollte man meinen, nicht wahr? Aber das muss nicht so sein. Ich erzähle dir jetzt etwas, das nur sehr wenige Menschen wissen, und ich möchte dich bitten, es nicht rumzutragen. Deinen Eltern kannst du es natürlich sagen, aber ansonsten behalte es bitte für dich. Ist das okay für dich?“
Mia nickte. Was kam jetzt?
„Ich war auch ein Missbrauchsopfer.“
Erschrocken sog Mia die Luft ein. „Du?“ Ungläubig sah sie ihre Teamleiterin an. Tabea hatte so etwas erlebt wie Stasi? Oder wie Lilly? Oder wie viele, viele andere Mädchen? „Aber du bist doch so fröhlich!“, platzte Mia heraus.

„Das war nicht immer so. Es gab eine Zeit, da fühlte ich mich völlig wertlos. Und so verhielt ich mich auch, getreu der Devise: Wenn ich sowieso nichts wert bin, brauche ich auch nicht auf mich zu achten. Und jedes Mal, wenn ich wieder missbraucht wurde, dachte ich: Es ist egal. Ich bin sowieso nur ein Stück Dreck. Es glaubte mir sowieso niemand, an den ich mich wandte. Irgendwann bekam das Jugendamt Wind von dem, was bei uns zu Hause passierte. Ich weiß bis heute nicht, woher. Endlich wurde das, was ich sagte, nicht einfach vom Tisch gewischt. Schließlich wurde ich aus der Familie genommen und kam in eine Wohngruppe. Dort wurde ich zwar nicht mehr missbraucht, aber besser ging es mir trotzdem nicht. Ich fing an, mich zu ritzen.

Und ich verliebte mich in einen der Mitbewohner. Wobei ‚verlieben' nicht das richtige Wort ist. In meiner Sehnsucht nach Geborgenheit und Zugehörigkeit hängte ich mich an ihn. Unbewusst wollte ich, dass er mir das gab, was mir fehlte. Das war natürlich von vornherein zum Scheitern verurteilt.

Dann freundete ich mich immer mehr mit einem der Betreuer an. Wir redeten stundenlang und ich erzählte ihm alles. Ich vereinnahmte ihn regelrecht und war gleichzeitig von seiner Zuwendung abhängig. Wenn er einen freien Tag hatte, lief ich herum wie ein verlorener, herrenloser Hund.

Ein Mädchen in der Wohngruppe brauchte Medikamente. Eines Nachts schlich ich mich an den Schrank, wo sie aufbewahrt wurden, und nahm die ganze Packung. Ich wollte nicht mehr leben. Aber es hat nicht funktioniert. Gott sei Dank, weiß ich heute! Ich kam ins Krankenhaus, und mir wurde der Magen ausgepumpt. Es war scheußlich, kann ich dir sagen. Am nächsten Tag kam der Arzt in mein Zimmer, nahm sich einen Stuhl und setzte sich an mein Bett.

‚Tabea, was letzte Nacht passiert ist, hat einen Grund.'

Ja, natürlich hat es einen Grund, dachte ich spöttisch.

Doch der Arzt meinte etwas anderes. Er sagte: ‚Du hattest bestimmt genug Gründe, deinem Leben ein Ende zu setzen, aber Gott will, dass du lebst. Und nicht nur das: Er will dir Zukunft und Hoffnung schenken.'

Ich weiß nicht, woher der Arzt sich die Zeit nahm, aber es wurde ein sehr langes Gespräch.
Irgendwann fing ich an zu weinen. Ich hatte schon ewig nicht mehr geweint. Aber da weinte ich. Ich weinte und weinte. Der Arzt ließ mich. Ich bin mir sicher, er betete die ganze Zeit für mich.
Schließlich sagte er: ‚Jesus, der Sohn Gottes, wurde bei seiner Kreuzigung auf das Schlimmste misshandelt. Er wurde so gequält, dass er daran starb. Dann, am dritten Tag, weckte Gott ihn vom Tod wieder auf. Doch seine Narben blieben. Seine Hände und seine Füße zeigten noch die Stellen, an denen die Nägel ihn durchbohrt hatten, und seine Seite die Stelle, an der der Speer seinen Körper durchstochen hatte."
Mia verzog das Gesicht. Den Bericht von der Kreuzigung hatte sie schon zig Mal gehört, aber jetzt stellte sie sich zum ersten Mal bildlich vor, was Jesus damals angetan wurde.
Tabea bemerkte ihre Reaktion und nickte. „Grausam. Man kann das abhaken oder eben an sich ranlassen." Nach einer Pause sprach sie weiter: „Der Arzt sagte: ‚Ich möchte dich ermutigen, dich an Jesus zu wenden. Er will dir neues Leben schenken und dir gleichzeitig helfen, mit Narben zu leben. Bei ihm findest du Zukunft und Hoffnung.'"
Tabea lächelte, von ganz tief innen. „Das habe ich getan – schließlich.
Ich kam vom Krankenhaus in die Psychiatrie, weil ich versucht hatte, mich umzubringen. Dort wurden viele Gespräche mit mir geführt. Manche Therapeuten waren überhaupt nicht hilfreich, andere gaben mir gute Tipps. Einer sagte zum Beispiel, ich müsse aufhören, mich wie eine Schlingpflanze zu verhalten, die ihre Lebenskraft aus anderen Pflanzen saugt, statt selbst ihre Wurzeln in die Erde zu stecken. Ich erkannte, dass ich nach einem bestimmten Muster lebte: Ich war immer auf der Suche nach jemandem, an den ich mich hängen konnte.
Dann bekam ich eine neue Zimmernachbarin. Sie war Christ. Sie hatte eine Erschöpfungsdepression und es ging ihr nicht viel besser als mir. Aber trotzdem hatte sie etwas, was ich nicht hatte: Sie hatte eine Zugehörigkeit.

‚Ich fühle mich wie in einem schwarzen Tunnel', sagte sie mal bei einem Gruppengespräch. ‚Und ich sehe auch kein Licht am Ende. Aber ich weiß, dass Jesus bei mir ist und bei mir bleibt.'
Da erinnerte ich mich an das, was der Arzt gesagt hatte: ‚Gott will, dass du lebst. Und er will dir Zukunft und Hoffnung geben.'
Ich fing an, mit meiner Zimmernachbarin über Jesus zu reden, und ganz langsam streckte ich meine Wurzeln nach ihm aus: Ich begann zu beten und ihm zu vertrauen. Ich lernte, dass ich mehr bin als meine Narben.
Es war noch ein langer Weg, bis ich annehmen konnte, dass ich genauso viel wert bin wie andere Mädchen oder Frauen, die so etwas nicht erlebt haben. Und wenn ich ehrlich bin, gibt es auch jetzt noch manchmal Tage, an denen ich mir nichts sehnlicher wünsche, als dass ich diese schrecklichen Dinge nicht erlebt hätte. Dann schlage ich meine Bibel auf und lese den Bericht von der Kreuzigung und davon, wie Jesus seinen Freunden nach seiner Auferstehung seine Narben zeigt. Und dann danke ich ihm dafür, dass er weiß, wie ich mich fühle, und dass ich unfassbar wertvoll für ihn bin – mit meinen Narben."
„Das ... ist ... krass!", sagte Mia leise. Es wollte einfach nicht in ihren Kopf, dass „Mama Oberfuchs" so etwas Schreckliches erlebt hatte. „Und dein Bruder? Ich meine, wurde er ... bestraft?", fragte sie stockend.
„Nein. Meine Eltern haben das verhindert. Das war sehr schwer für mich. Ich dachte, dass es leichter für mich würde, wenn das Unrecht, das er mir angetan hatte, bestraft würde. Vielleicht hätte das wirklich etwas geholfen. Aber davon wäre das Schwere in mir nicht weg gewesen.
Eine christliche Therapeutin half mir zu verstehen, dass das, was es wirklich leichter macht, Vergebung ist. Nicht im Sinne von ‚ich vergesse, was er mir angetan hat', sondern im Sinne von ‚jemand anderes – nicht ich – ist zuständig für die Schuld: Gott, der gerechte Richter.'
Und jedes Mal, wenn diese Hass- und Bitterkeitsgefühle in mir wieder hochkommen, sage ich sie Jesus und danke ihm dafür, dass er mein Rechtsanwalt ist und sich um die Sache kümmert."

Ein männlicher Gedankensprung

Stasi war nicht in der Schule. Das war sowieso nichts Unnormales an einem Montagmorgen, aber Mia vermutete, dass ihre Abwesenheit andere Gründe hatte als sonst. Sie konnte nur hoffen, dass das Jugendamt die Sache nicht erst lange untersuchen und beobachten würde, sondern gleich einen guten Platz für sie gefunden hatte.

Aber Tarek war da. Und sobald er Mia sah, kam er auf sie zu.

„Hey."

„Hey."

„Geht's dir gut?", fragte er etwas besorgt.

„Warum?"

„Weil du eher abgeholt wurdest. Und Stasi auch."

Mit Frau Liebknecht und Tabea über Stasis Situation zu sprechen, war eine Sache gewesen. Tarek einzuweihen, wäre eine andere. *Tabea erzählt auch nicht jedem ihre Geschichte. Es nützt keinem was, wenn er das von Stasi weiß. Wenn sie will, kann sie ihm das selbst erzählen, wenn sie wieder da ist,* beschloss Mia. Sie zuckte die Schultern. „War alles ein bisschen viel." Sie wechselte das Thema: „Konntest du die Räder noch holen?" Sie hatte sich die ganze Zeit schon schlecht gefühlt, dass sie Tarek einfach auf diesem Job hatte sitzen lassen. Aber sie hatte sich unter den gegebenen Umständen einfach nicht mehr darum kümmern können.

„Herr Wiebe hat das mit mir gemacht."

„Oh Mann, das tut mir leid. War er sehr sauer?"

„Überhaupt nicht. Er ist wirklich voll in Ordnung."

„Da bin ich aber froh! Wie war die Nachtwanderung?"

„Okay. Nicht besonders spannend." Er zog eine Grimasse. „Ich bin auf eine Brombeerranke gefallen. Mit fetten Dornen."

Mia verzog das Gesicht. „Konntest du sie rausmachen?"

„Herr Wiebe. Was ich dich fragen wollte: Warum wurde Jesus eigentlich gekreuzigt?"

„Wie kommst du denn auf einmal darauf?“ *So viel zu: Frauen machen Gedankensprünge ...*
„Dornen, Dornenkrone ... Ich hab gestern in der Bibel gelesen, aber es ergibt keinen Sinn, dass Jesus gekreuzigt wurde. Er war doch unschuldig, oder nicht?“
Okay, dann reden wir jetzt über die Kreuzigung. Warum auch nicht. „Er war tatsächlich unschuldig.“
„Und warum musste er dann sterben? Und dann noch so? Das war doch falsch!“
Mia hatte den Bericht von der Kreuzigung von Kind auf schon zig Mal gehört und selbst gelesen, und sie kannte die Antwort auf Tareks Frage. Aber während sie die Worte aussprach, war es auf einmal anders.
„Ja, es war falsch. Falsch und grausam“, sagte sie langsam. „Einer, der komplett unschuldig war, wurde aufs Grausamste gequält und getötet. Und das Krasse ist, Jesus hat das freiwillig gemacht. Als Gottes Sohn hätte er mit einem einzigen Wort seine Feinde tot umhauen können.“
„Ja, und warum hat er es nicht gemacht?“ Völlig verständnislos sah Tarek sie an, die Augen voller Fragezeichen.
„Wir sind der Grund, Tarek. Er hat das für uns gemacht. Gott sagt in der Bibel, dass wir alle Sünder sind.“
„Ich bin kein Sünder!“, protestierte Tarek. „Ich bin nicht böse.“
Mia sah ihn seltsam an. „Lügen ist zum Beispiel Sünde.“
„Ach was. Das ist nicht schlimm.“
„Tut mir leid, hab ich mir nicht ausgedacht, steht so in der Bibel.“
„Zeig mir, wo das steht!“, drängte Tarek.
Er will es wirklich wissen! „Ich muss erst meine Eltern fragen. Oder Tabea. Das ist meine Pfadfinderleiterin, nur so zur Info. Jedenfalls ist die Strafe für die Sünde der Tod und von Gott abgeschnitten zu sein. Aber Jesus hat diese Strafe auf sich genommen, damit alle, die ihm vertrauen, einmal für immer bei Gott leben können, wenn das Leben hier auf der Erde vorbei ist.“
Es läutete und sie mussten ihre Unterhaltung unterbrechen. Aber in der nächsten Pause kam Tarek wieder auf sie zu. „Und was ich dich noch fragen wollte: Wie ist das mit dem Beten? Wieso kannst du einfach mit Gott sprechen?“

„Was soll ich denn sonst machen?“
„Erst in eine Kirche gehen oder dich hinknien oder eine Weile meditieren – keine Ahnung – halt irgendwas ... Besonderes machen.“
„Und warum sollte ich das tun?“, fragte Mia verwundert. Sie hatte noch nie darüber nachgedacht, *nicht* einfach mit Gott zu sprechen.
„Weil Gott ... *Gott* ist? Ist er nicht irgendwie ... heilig oder so, wenn sein Buch schon heilig ist?“
„Doch, er ist heilig. Sehr sogar. Aber das ist es ja gerade, warum Jesus gekommen ist: Um unsere Sünden zu vergeben, damit wir zu Gott kommen können, also beten, zum Beispiel.“
„Also, bevor ich zu Gott beten kann, müssen erst meine Sünden vergeben sein?“, hakte Tarek nach. „Aber wie werden denn meine Sünden vergeben?“
„Indem du Gott darum bittest.“
„Aber du hast doch gerade gesagt, dass die Sünden erst vergeben sein müssen, bevor man Gott um etwas bitten kann!“
Mia war überfragt. „Das hört sich voll kompliziert an, wie du das sagst. Dabei ist es eigentlich ganz einfach“, sagte sie kopfschüttelnd.
„Wie war das denn bei dir?“, bohrte Tarek. „Du betest doch so viel. Hat Gott dir vorher deine Sünden vergeben?“
Soll ich ihm jetzt erzählen, wie ich mich bekehrt habe, oder was? Mia sah sich kurz um, ob sonst noch jemand zuhörte. Bei den Füchsen in ihrem Pfadfinderteam darüber zu sprechen, war eine Sache, einem Klassenkameraden davon zu berichten, eine andere.
Aber warum nicht? Eigentlich ist es doch cool, dass er es wissen will. Sie holte tief Luft. „Also, einmal sangen wir bei den Rangers, also bei den Pfadfindern, ein Lied vom Himmel. Also, ich meine nicht das Blaue da oben, sondern den Ort, an dem Gott ist, wo es immer nur wunderschön ist und es absolut nichts Schlechtes mehr gibt – keine Schmerzen, keine Krankheit, keine Traurigkeit, keinen Streit, keinen Tod usw. Und auf einmal merkte ich: Wenn ich jetzt plötzlich tot umfallen würde, wäre ich nicht bei

Gott im Himmel, sondern ich käme in die Hölle. Ich wusste das zwar alles, warum Jesus gekreuzigt wurde und so, aber ich hatte das bis dahin nicht persönlich geglaubt."

„Und deswegen kommst du in die Hölle?", unterbrach Tarek. „Das kann ich mir nicht vorstellen!"

„Wie schon gesagt, hab ich mir nicht ausgedacht, steht ebenfalls in der Bibel."

„Steht da auch, wie es in der Hölle ist?", wollte Tarek wissen.

„Ja. Da ist es immer nur schrecklich. Der Teufel ist dort. Es ist so schrecklich, dass die Menschen vor Angst schreien und mit den Zähnen klappern. Und sie haben schrecklichen Durst. Aber es gibt nichts zu trinken. Und das geht immer und immer so weiter."

„Keine rosigen Aussichten!"

„Ja, eben. Und als wir dieses Lied sangen, checkte ich auf einmal, dass ich auf direktem Weg in die Hölle war, weil ich Jesus noch nicht angenommen hatte. Also, persönlich. Ich meine, dass er am Kreuz für *meine* Sünden gestorben ist. Damit *ich* mit Gott leben kann. Damit ich zu ihm beten kann."

„Das ist komisch", sagte Tarek. „Man kann doch nicht aus Angst vor etwas, was man nicht sehen kann, an etwas glauben, was man auch nicht sehen kann."

Mia seufzte. Wie erklärte man etwas, was man selbst sozusagen mit der Muttermilch aufgesogen hatte, jemandem, der mit Jesus null anfangen konnte? Sie schüttelte den Kopf. „Ich weiß auch nicht, wie ich dir das erklären soll. Ich weiß nur, dass es stimmt."

„Warum bist du dir da so sicher?"

„Ich kann dir das nicht erklären", sagte Mia noch einmal. „Es ist ein bisschen, wie an einem heißen Tag von einer Klippe ins Meer zu springen. Du wirst erst wissen, wie herrlich das Wasser ist, wenn du es selbst ausprobiert hast. Fang einfach an zu beten und in der Bibel zu lesen. Es gibt da so einen Vers. Ich weiß nicht, wo er steht. Jedenfalls sagt Gott da, dass wir ihn finden, wenn wir ihn von ganzem Herzen suchen."

Ärger

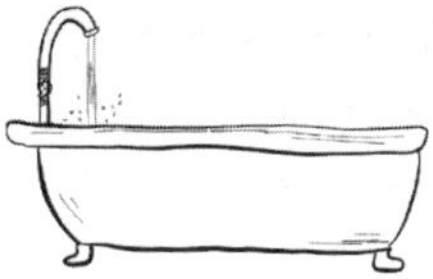

„Es ist ein bisschen, wie an einem heißen Tag von einer Klippe ins Meer zu springen. Du wirst erst wissen, wie herrlich das Wasser ist, wenn du es selbst ausprobiert hast.“ Tarek hatte eine Gänsehaut bekommen, als Mia diesen Vergleich gezogen hatte.
Und weil er keine Ahnung hatte, worauf er sich da einließ, beschloss er, genau das zu tun, was sie gesagt hatte. Sobald er von der Schule zu Hause war, legte er sich mit dem Neuen Testament auf sein Bett. Er schloss die Augen. *Ich werde jetzt beten.* Er spürte, wie sein Herz schneller schlug.
Das ist komisch, sagte eine Stimme in seinem Kopf. *Komisch und albern. Geistig Gestörte reden mit Fantasiegestalten.*
Okay. Ich werde erst noch ein bisschen weiter in der Bibel lesen, beschloss er. Er blätterte zu der Stelle, an der er am Abend vorher aufgehört hatte.
Der Leichnam von Jesus kam in ein Felsengrab, das mit einem großen Stein verschlossen und anschließend auf Wunsch der führenden Juden von den Römern streng bewacht wurde.
Tarek hätte erwartet, dass dies das Ende der ganzen Sache mit Jesus gewesen wäre, doch die nächste Überschrift lautete „Jesu Auferstehung“. Fasziniert las er, dass die ganze Hochsicherheitsverwahrung des Grabes nichts genützt hatte: Ein mächtiger Engel wälzte den Stein weg und sagte ein paar Frauen, dass der gekreuzigte Jesus auferstanden sei.
Tarek war so vertieft, dass er nicht merkte, wie sich die Tür öffnete und sein Vater ins Zimmer trat. Erst als er neben seinem Bett stand, sah er auf. Einem Instinkt folgend, bedeckte er das kleine Buch mit einer Hand.
„Was liest du da?“, wollte Omar Meisenbusch wissen. „Ich habe dich dreimal gerufen.“
„Ich komme“, sagte Tarek. Er schob die Bibel unter sein Kopfkissen und stand auf.

Sein Vater hob das Kissen an. „Du liest in der Bibel?“, fragte er schockiert. Dann änderte sich sein Ton. „Ich habe dir doch schon gesagt, dass ich das nicht will! Ist das für die Schule?“
„Ja“, log Tarek. „Müssen wir als Hausaufgabe machen.“ Im selben Moment fiel ihm ein, was Mia gesagt hatte: *„Lügen ist zum Beispiel Sünde.“*
Ich bin auch ein Sünder!, durchzuckte es ihn.
Sein Vater hatte die Hände in die Hüften gestemmt. „Dann wirst du diese Hausaufgabe nicht machen!“ Durchdringend sah er seinen Sohn an. „Verstanden?“
„Verstanden“, nickte Tarek.
Omar Meisenbusch stieß die Luft aus und ließ die Hände sinken. „Komm, Mama will unsere Videos sehen.“
Tarek hätte lieber weitergelesen, aber er folgte ihm ins Wohnzimmer. Sein Vater hatte bereits sein Handy an den Computer angeschlossen.
Begeistert präsentierte er seiner Frau die gemeinsamen Erlebnisse mit seinem Sohn. „Und beim Bogenschießen hat er sich richtig geschickt angestellt. Er hat ein gutes Auge.“
Tarek hörte den Stolz in seiner Stimme, und das warme Glück, das er immer empfand, wenn es ihm gelang, das Wohlwollen seines Vaters zu verdienen, durchströmte ihn. Es verdrängte das ungute Gefühl, mit dem Bibellesen seine Missbilligung hervorgerufen zu haben, und grinste. „Papa hat aber auch ganz gut gezielt.“
Omar Meisenbusch hielt ihm die Hand hin, und sie klatschten ab. Er klickte das nächste Video an. „Das hier war beim Laser Battle.“ Eine Aktion nach der anderen erschien auf dem Bildschirm. „Und hier sind wir in der Kletterhalle.“
„Das habt ihr auch noch gemacht?“, fragte seine Frau überrascht.
„Na klar. Wenn schon, denn schon!“, grinste ihr Mann und drückte seinen Sohn mit einem Arm.
„Da werde ich ja richtig neidisch“, meinte Vera Meisenbusch lächelnd.
„Das wäre nichts für dich gewesen“, sagte Omar Meisenbusch schnell. „Das war nur was für Männer.“ Er warf Tarek einen bedeutungsvollen Blick zu.

Als alle Filmchen geschaut waren, nahm er sein Handy an sich und stand auf. „Macht euch einen schönen Abend, ihr zwei.“ Er verließ das Wohnzimmer.
Tarek war ein bisschen verwundert über den abrupten Aufbruch. Irgendwie hatte er gedacht, dass sie alle zusammen noch ein bisschen im Wohnzimmer sitzen würden. „Wo geht er hin?“
Seine Mutter seufzte. „In die Shisha-Bar, schätze ich.“
Tarek war ihr Tonfall nicht entgangen. „Willst du nicht, dass er da hingeht?“
„Nein, ich will nicht, dass er da hingeht!“, erwiderte seine Mutter mit Nachdruck.
„Und warum macht er es dann?“
„Weil er sich entschieden hat, es zu tun“, sagte Vera Meisenbusch nur. Sie wechselte das Thema: „Musst du noch was für die Schule machen, oder hast du Lust auf eine Runde *Take it easy*?“
„Das Zweite“, grinste Tarek.
„Mit Popcorn?“
„Auf jeden Fall!“
Das Zahlenkombinationsspiel war im Vergleich zu Laser Battle oder Bogenschießen völlig unspektakulär und auch Sushi und Popcorn hatten keinesfalls das gleiche Level, aber Tarek genoss die nächste Stunde in vollen Zügen. Um seine Mutter zufriedenzustellen, musste er sich nicht anstrengen. Er dachte noch nicht einmal darüber nach.
Schließlich war es Zeit, schlafen zu gehen. Sie räumten das Spiel in den Schrank und die Reste vom Popcorn in die Küche.
„Gute Nacht, Tarek“, lächelte Vera Meisenbusch und strich ihrem Sohn über den Kopf.
„Gute Nacht, Mama“, sagte Tarek und drückte sie. Einen Moment genoss er die Geborgenheit in ihren Armen. Dann machte er sich bettfertig.
Papa will nicht, dass ich in der Bibel lese. Ich frage mich, warum. Was ist denn schon dabei? Er beschloss, wenigstens die Geschichte von der Auferstehung fertigzulesen. Doch als er das kleine Buch unter seinem Kopfkissen hervorholen wollte, war es nicht da.

Er hat mir die Bibel weggenommen? Ärger regte sich in Tarek. Und es reizte ihn, jetzt erst recht weiterzulesen. *Ich könnte Mamas und Papas Traubibel nehmen. Mama hätte bestimmt nichts dagegen.*

Trotzdem war Tarek froh, als er auf dem Weg ins Wohnzimmer hörte, wie im Bad das Wasser rauschte. Das kam ihm wie gerufen. So konnte er die Traubibel wieder zurückbringen, ohne dass seine Mutter es merkte. Vielleicht war es besser, wenn sie nicht wüsste, dass er sie nahm. Er würde die Geschichte zu Ende lesen und das Buch zurückstellen. Wenn seine Mutter in der Wanne war, kam sie normalerweise nicht so schnell wieder heraus. Das verschaffte ihm genügend Zeit.

Doch so einfach war das nicht. Denn je mehr er las, desto mehr zogen ihn die Worte in den Bann. Er las, dass Jesus in den Himmel aufgefahren war und dass er vorher seinen Freunden versprochen hatte, immer bei ihnen zu sein. Er wollte wissen, was Jesus noch alles gesagt und getan hatte. Er las davon, wie dieser seltsame Mann Blinden das Augenlicht zurückgab, böse Geister aus Besessenen austrieb und Tausende von Menschen mit nur fünf Broten und zwei Fischen speiste. Und wie er sich voller Mitleid den Kranken und Ausgestoßenen zuwandte.

Ob das wirklich alles so passiert war? Wenn ja, wäre er wirklich gern dabei gewesen.

Wieder kam er zu der Stelle, an der von der Kreuzigung Jesu berichtet wurde.

„*Er hat das für uns gemacht*“, hallten Mias Worte in seinem Kopf.

Mia glaubt, dass es wirklich passiert ist. Sonst würde sie sich nicht an das halten, was hier steht – nicht lügen, nicht schwören, seine Feinde zu lieben und so. Und dann würde sie auch nicht beten, als ob sie mit einer richtigen Person reden würde.

„Tarek!“, erklang es plötzlich zornig neben ihm. Die Stimme seines Vaters war wie ein Donnerschlag, und er zuckte erschrocken zusammen. Er wagte nicht, aufzublicken.

„Ich hatte dir doch verboten, dieses Buch zu lesen! Ich schreibe deiner Lehrerin eine Entschuldigung.“

Tarek sah auf. Das Blut war ihm ins Gesicht geschossen. „Es, es ... ist nicht für die Schule“, stotterte er. „Ich will wissen, ob das mit Jesus stimmt.“
„Es stimmt *nicht*! Es ist eine Lüge!“ Omar Meisenbuschs Augen blitzten und seine Nasenflügel zitterten.
„Wie kannst du dir da so sicher sein?“, rutschte es Tarek heraus.
Sein Vater hob eine Hand.
Er wird mich schlagen!, dachte Tarek entsetzt. Er hielt die Traubibel über seinen Kopf. Doch es kam kein Schlag.
Schließlich wagte Tarek, unter dem Buch hervorzugucken. Sein Vater stand neben dem Bett, die Fäuste geballt. In seinem Gesicht zuckte es. Ängstlich wartete Tarek ab.
Als sein Vater sprach, war seine Stimme eisig: „Du bist nicht mehr mein Sohn, wenn du dich weiter dafür interessierst. Mein Sohn liest nicht in der Bibel. Mein Sohn glaubt nicht an *Jesus*!“
Seine Worte waren wie Peitschenhiebe.
Omar Meisenbusch drehte sich um und verließ das Zimmer.

Ein Gespräch unter vier Augen

Tarek hat irgendwas. Beunruhigt sah Mia auf die andere Seite des Klassenraums, wo ihr Mitschüler in sich gekehrt auf seinem Platz saß.

Die letzten zwei Wochen hatten sie in den Pausen nicht miteinander geredet und im Unterricht hatte er sich im Gegensatz zu sonst nicht beteiligt. Natürlich hätte sie einfach zu ihm gehen und ihn fragen können, aber irgendwie wollte sie das nicht.

Nachdem Kunst letzte Woche ausgefallen war, würden sie heute an ihren Portraits weiterarbeiten, und Mia hoffte, dass Tarek dann etwas sagen würde.

Aber das Einzige, was von ihm kam, war: „Halt still, sonst kann ich dich nicht malen."

Mia war sich nicht bewusst, sich bewegt zu haben, aber nun achtete sie darauf, sich gar nicht zu rühren. Wie eine Statue saß sie da. Tarek hatte ihren halben Mund gezeichnet, als es Zeit war, zu tauschen.

Mia schlüpfte unter dem Tisch durch, um seinen Platz einzunehmen. Diesmal kam keine Stasi herein, und sie kam gut voran. *Er sieht bedrückt aus. Das Funkeln aus seinen Augen ist verschwunden,* dachte sie, während sie seinen Wimpern noch ein paar zufügte.

„So, bitte noch einmal wechseln", kam die Stimme der Kunstlehrerin.

Wortlos tauschten sie noch einmal die Seiten. Tarek nahm zwar seinen Bleistift auf, doch er zeichnete nicht. Er sah sein Modell nur nachdenklich an. Mia hielt seinem Blick stand.

So lange, bis Frau Saalmann leicht amüsiert sagte: „Tarek, weiterarbeiten."

Ein paar kicherten, und Tarek neigte hastig den Kopf, um ein paar Linien auf das Papier vor ihm zu bringen. Mia saß noch einmal regungslos und achtete peinlich darauf, ihren Mund nur ja nicht in irgendeine Richtung zu verziehen, geschweige denn, etwas zu sagen. Auch Tarek verhielt sich weiterhin stumm.

Erst als sie aus dem Raum gingen, sagte er leise: „Ich muss mit dir reden.“
Das scheint mir auch so.
„Lass uns in die Bib gehen.“
Mia fand das keine so gute Idee. In der Bibliothek durfte man nicht reden. Aber sie sagte nichts und verließ mit ihm gemeinsam den Kunstraum.
Tarek wählte einen Platz so weit wie möglich weg vom Tresen. Mia klopfte das Herz bis zum Hals, als er einen zweiten Stuhl in die kleine Nische stellte. Sie saßen so dicht zusammen, dass sie sich fast berührten.
Was sage ich nur, wenn er mich jetzt fragt? Ich will noch keinen Freund! Aber wenn ich ihm einen Korb gebe, geht es ihm bestimmt noch schlechter. Und ich will ihn auch nicht verlieren!, dachte sie panisch.
„Ich will wissen, wie das mit Jesus ist“, sagte Tarek so leise, dass man es garantiert vorne nicht hören konnte.
Mia war enttäuscht und erleichtert zugleich. Sie entspannte sich. Jesus war sicherer Boden. „Okay, was willst du wissen?“, gab sie ebenso leise zurück.
Tarek sah sich über die Schulter um. „Warum gibt es Leute, die wütend werden, wenn sich jemand für Jesus interessiert? Ich meine, alle reden doch von Toleranz und so. Da kann doch jeder glauben, was er will.“
Mit so einer Frage hatte Mia nicht gerechnet. „Weil ... ich weiß auch nicht. Aber das ist in vielen Ländern der Welt so: Wer an Jesus glaubt, wird verfolgt. Leute werden sogar umgebracht, weil sie eine Bibel besitzen. Aber eigentlich beweist gerade das, dass das, was Jesus gesagt hat, stimmt. Er hat nämlich schon vorausgesagt, dass die, die an ihn glauben, verfolgt würden. Also, bei uns in Deutschland nicht, aber zum Beispiel in Afghanistan oder Nord-Korea oder in der Türkei.“
Tarek sah sie seltsam an.
Mia dachte, dass er ihr nicht glaubte und sagte: „Es war mal jemand von so einer Organisation, die sich für verfolgte Christen einsetzt, bei den christlichen Pfadfindern, zu denen ich gehe,

und hat davon erzählt. Es ist wirklich schlimm, was diese Leute leiden müssen, nur, weil sie an Jesus glauben. Sie werden zum Beispiel von ihren eigenen Familien abgelehnt, ausgestoßen und verfolgt."
Tarek sah sie mit großen Augen an. „Das haben die Leute erzählt?"
„Ja, und noch schlimmere Sachen."
„Und was passiert dann?"
„Wie, was passiert dann?"
„Die Menschen, die verfolgt werden, hören sie dann auf, an Jesus zu glauben?"
„Manche schon. Aber viele bleiben Jesus treu. Selbst, wenn sie dafür sterben müssen. Und die, die überleben, vergeben ihren Feinden."
„Warum sterben sie lieber, als ihren Glauben zu verleugnen? Ich meine, was haben sie davon?"
„Ich war noch nie in so einer Situation. Wie gesagt, hier in Deutschland wird man nicht verfolgt, wenn man Christ ist. Und jeder, der will, kann in der Bibel lesen."
Sein Blick bohrte sich in ihren. „Aber wenn du dich entscheiden müsstest – wenn du zum Beispiel wählen müsstest zwischen nicht in der Bibel zu lesen oder ... geschlagen zu werden – was würdest du machen?"
Warum guckt er mich so an? „Puh ..." Sie wandte den Blick ab. Seine Fragen forderten sie ganz schön heraus. Sie musste an die Berichte aus anderen Ländern denken, die sie auf der Ranger-Wiese gehört hatten:
„Ich liebte meine Familie über alles. Aber als ich verstand, wer Jesus ist und was er für mich getan hat, rückte meine Familie und alles andere an zweite Stelle", hatte jemand bezeugt.
Mia stellte sich vor, sie wäre die Einzige in ihrer Familie, die an Jesus glaubte, und ihre Eltern würden es ihr verbieten und ihr Strafe androhen, wenn sie nicht damit aufhörte. „Das wäre total schlimm. Aber ich glaube, ich kann nicht mehr *nicht* an Jesus glauben. Das geht einfach nicht. Ich weiß doch, wie sehr er mich liebt. Außerdem könnte ich dann ja auch nicht mehr beten.

Und an wen soll ich mich wenden, wenn ich Hilfe brauche?"
Sie schüttelte den Kopf. „Wenn ich schwach würde, würde ich vielleicht *sagen,* dass ich nicht mehr an Jesus glaube. Aber damit aufhören könnte ich nicht."
Tarek atmete hörbar aus.
„Warum fragst du das alles?", wollte Mia wissen.
Sein Gesicht nahm einen gequälten Ausdruck an. Er beugte sich noch dichter, so dass ihre Schultern sich berührten. „Mein Vater hat mich dabei erwischt, wie ich in der Bibel gelesen habe. Obwohl er es mir strengstens verboten hatte."
Oh my goodness! Mia wartete, dass er weitersprechen würde, aber es kam nichts. „Schlägt er dich?", fragte sie erschrocken. Sie hatte eine Gänsehaut. Weil er so dicht neben ihr saß und weil ihr seine Worte Angst machten.
„Ich wünschte, er würde mich schlagen. Aber er behandelt mich wie Luft. Wir sitzen an einem Tisch, aber für ihn ist es so, als wäre ich nicht da. Wir begegnen uns im Flur, aber er sieht einfach durch mich hindurch. Es ist, als würde ich nicht mehr für ihn existieren."
Mia stellte sich vor, ihr Vater würde sie so behandeln. *Das wäre schrecklich!*
„Seitdem streiten meine Eltern nur noch. Meine Mutter meint, ich könnte selbst entscheiden, was ich lese. Schließlich wäre ich fast religionsmündig. Außerdem hätten sie sich darauf geeinigt, neutral zu sein. Da ist er fast auf sie losgegangen. ‚Halt dich da raus!', hat er gebrüllt. ‚Mein Sohn wird kein Christ!' Da hat sie geschrien: ‚Ich hätte gleich wissen müssen, dass du nicht so tolerant bist, wie du tust!'"
Tarek schüttelte den Kopf. „Es ist einfach furchtbar. Ich habe solche Angst, dass sie sich scheiden lassen. Mein Vater und ich hatten nach der Klassenfahrt so ein cooles Wochenende. Ich kann dir die Videos zeigen. Und jetzt auf einmal ist es so, als hätte ich keinen Vater mehr. Auch ohne dass meine Eltern sich scheiden lassen."
Mia schwieg schockiert. Was sollte sie auch dazu sagen?

Da fuhr Tarek fort: „Andere Eltern streiten auch. Die von Tobias, zum Beispiel. Aber meine streiten wegen mir. Es ist so, als würde ich auseinandergerissen."

Deswegen war er in letzter Zeit so komisch. Kein Wunder! Es muss dringend was passieren, aber was?, dachte Mia hilflos. *Es ist ein bisschen wie bei Stasi, aber irgendwie auch nicht. Tarek hat ja Vertrauen zu seiner Mutter und wird nicht misshandelt. Aber auf gewisse Weise auch doch ...*

„Ich habe ihm gesagt, dass ich nicht mehr in der Bibel lese. Aber es hat nichts genützt. Ich verstehe das nicht. Wenn es sowieso nicht stimmt, was in der Bibel steht, warum regt er sich dann so auf? Und was, wenn es doch stimmt, was da steht?" Tarek sah sie weiter gequält an.

„Es stimmt, Tarek", antwortete Mia schlicht. Auf seine anderen Fragen hatte sie keine Antwort, aber das wusste sie. „Und wenn du dich an Jesus wendest, wird er dir helfen. Irgendwie."

Auf der Flucht

„Wo warst du?“, verlangte Omar Meisenbusch zu wissen.
„Bei einer Freundin“, gab seine Frau ausweichend zurück.
„Du lügst!“, stieß ihr Mann hervor. „Ich bin dir gefolgt! Du warst in der christlichen Gemeinde!“ Seine Stimme hatte bereits etliche Dezibel zugelegt.
Tarek horchte auf. Er war in seinem Zimmer und sah nicht, wie seine Mutter einen Moment die Augen schloss und die Arme vor der Brust verschränkte. Aber er hörte die Herausforderung in ihrer Stimme, als sie sagte: „Ich war bei einer Freundin und wir sind zusammen zu einem Kurs über den christlichen Glauben gegangen. Hast du ein Problem damit?“
Sie informiert sich über den christlichen Glauben?
„Du hintergehst mich!“, fauchte sein Vater.
„Ich bin ein freier Mensch. Außerdem ist das einmal in der Woche. Du bist derjenige, der jeden Abend in der Shisha-Bar ist!“ Hatte seine Mutter anfangs noch relativ normal gesprochen, war sie nun ebenfalls lauter geworden. „Und hast du es etwa vergessen? Du hast mir was versprochen!“ Ihre Stimme nahm einen gehässigen Ton an: „Aber auf dein Wort kann man sich anscheinend nicht verlassen.“
„Du bist diejenige, die sich nicht an ihr Wort hält! Dabei waren wir übereingekommen, unser Kind weltanschauungsneutral zu erziehen. Ich hätte von vornherein wissen sollen, dass ich einer wie dir nicht trauen kann! Und ich hätte gleich dahinterkommen sollen, dass du der Grund bist, warum mein Sohn anfängt, in der Bibel zu lesen!“
Hört auf! Bitte hört auf! Tarek hielt sich die Ohren zu. Doch die Stimme seiner Mutter war jetzt so laut, dass er trotzdem verstand, was sie sagte: „Das ist nicht wahr! Ich interessiere mich eben für das, was unseren Sohn beschäftigt. Und damit du es weißt: Du bist der Grund, warum ich diesen Kurs besuche. Ich will wissen, was es mit dem christlichen Glauben auf sich hat, das dich so triggert!“

„Das reicht!“, donnerte sein Vater. Sein Zorn drang durch die Wände bis in Tareks Zimmer.
Er hatte das Gefühl, verprügelt zu werden. *Das halte ich nicht mehr aus!*
Kurz darauf hörte er die Haustür zuschlagen.
Er ist weg! Erleichtert nahm Tarek die Hände von den Ohren. *Mama informiert sich über die Bibel? Das wusste ich gar nicht.* Erst jetzt sackte diese Information. Er stand auf und ging zum Wohnzimmer. Durch den Türspalt sah er seine Mutter auf dem Sofa sitzen, ein Buch in der Hand. Sie wischte sich über das Gesicht.
Sie weint!, stellte Tarek erschrocken fest. Der Anblick schnitt ihm ins Herz. Hastig machte er einen Schritt zurück. *Ich muss hier weg. Das halte ich nicht mehr aus!* Leise ging er zurück in sein Zimmer.
Er packte ein paar Sachen in seinen Schulrucksack, stopfte seinen Schlafsack obendrauf und wartete, dass seine Mutter ins Bad ging. Da sie Stress durch Baden abbaute, war mit an Sicherheit grenzender Wahrscheinlichkeit davon auszugehen, dass sie die nächsten zwei Stunden in der Wanne verbringen würde. In der Zwischenzeit googelte er, wie er am besten zu dem Freizeitheim von der Klassenfahrt käme. Er versuchte, sich den Weg einzuprägen. Sein Handy würde er nicht mitnehmen. Auf keinen Fall wollte er riskieren, ausfindig gemacht zu werden.
Tatsächlich, zehn Minuten später hörte er das Wasser rauschen.
Bevor er sein Zimmer verließ, beschloss er zu beten. *Ich habe nichts zu verlieren. Und wenn ich Hilfe brauche, dann jetzt.* Er schloss die Augen, wie er es bei Mia gesehen hatte. „Jesus“, flüsterte er, „wenn es dich gibt und wenn du mich hören kannst, dann hilf mir bitte!“
Er riss die Augen wieder auf. *Ich habe gebetet! Wie Mia!* Tarek atmete tief durch. Leise schlich er sich aus dem Haus.
Er stieg in den nächsten Bus und fuhr zum Bahnhof. Dort löste er eine Fahrkarte. Zweieinhalb Stunden später erreichte er sein Ziel. Nachdem er sich orientiert hatte, wo er hinmusste, machte er sich auf den Weg zum Freizeitheim. Es war vom Bahnhof noch ein

ganzes Stück, und Tarek ging zügig. Dabei versuchte er, die mahnenden Stimmen in seinem Kopf auszublenden.
Er hörte, wie hinter ihm ein Auto herankam. *Ungünstig.* Vor allem, da rechts und links der Straße nur freies Feld war und der Wald erst dahinter begann. Tarek setzte über den Straßengraben auf die Wiese, und hoffte, dass der Fahrer des Wagens nur auf die ausgeleuchtete Fahrbahn vor ihm achten würde.
Erleichtert beobachtete er, wie das Fahrzeug vorbeirauschte und hinter der nächsten Kurve verschwand.
Das Laufen auf dem Acker war mühsam, und er sprang zurück auf den Teer.
Allmählich wurden seine Füße schwer. Aber das Bild des tränennassen Gesichts seiner Mutter vor Augen lief er weiter, den Blick auf die Straße gerichtet. In seinem Kopf hörte er die hässlichen Worte seiner Eltern und spürte förmlich ihre zerstörerische Kraft.
Es ist gut, dass ich weg bin.
„Hallo?", sagte da auf einmal eine Stimme.
Erschrocken zuckte Tarek zusammen und blieb stehen. Hastig setzte er seine Kapuze auf. Ein Mann kam ihm entgegen.
Das ist der von der Burg! Lauf!, zischte es durch seinen Kopf.
„Brauchst du Hilfe?", rief der Mann ihm in dem Moment freundlich zu.
Es ist nicht der Burgführer! Es ist der Hausvater vom Freizeitheim! Tarek war furchtbar erleichtert. Gleichzeitig waren seine Pläne mit einem Mal zunichte gemacht. *Okay. Das war's.*
Doch Herr Wiebe fragte nur freundlich: „Soll ich dich ein Stück mitnehmen?"
Vielleicht kann ich ihm irgendeine Story erzählen. Bloß, welche?, überlegte Tarek fieberhaft. Laut sagte er: „Ja, gern. Ich, äh, wir haben eine Nachtwanderung gemacht und ich habe meine Gruppe verloren. Ich, äh, musste in die Büsche und, äh, da waren die anderen weg." Er achtete darauf, seinen Kopf etwas abzuwenden, damit sein Gesicht nicht zu sehen war.
„Na, dann komm mit. Mein Auto steht da vorne."
Als sie den Wagen erreichten, hielt Herr Wiebe ihm die Beifahrertür auf.

Er hat mich nicht erkannt! Erleichtert sank Tarek auf den Sitz. Er wartete auf Fragen, während sein Gehirn auf Hochtouren lief. Aber es kamen keine Fragen.
Sie erreichten das Freizeitheim und der Hausvater sagte: „Ich schließe dir auf, sonst kommst du nicht rein."
Er denkt, ich gehöre zu der Gruppe, die grade da ist! Bestens!
„Das, äh, ist furchtbar nett."
Herr Wiebe stellte den Motor ab. Doch statt auszusteigen, wandte er sich seinem jungen Beifahrer zu: „Was ist passiert, Tarek?", fragte er freundlich.
Erschrocken riss Tarek die Augen auf. *Er hat mich doch erkannt!*
„Du musst es mir nicht sagen. Das ist völlig okay. Aber du bist dir bestimmt im Klaren, dass irgendjemand dich über kurz oder lang vermissen wird."
Tarek sackte in seinem Sitz zusammen. „Sie werden mich also verpfeifen?"
„Nein, ich werde dich nicht *verpfeifen*. Aber ich habe eine Verpflichtung. Und wenn es mein Sohn wäre, der nicht auffindbar wäre, würde ich vor Sorge fast verrückt."
Ich hab eh schon verloren. Tarek fiel ein, dass er gebetet hatte, bevor er zu Hause aufgebrochen war. *Hat mir ja unglaublich viel genützt!*, dachte er bitter. *Hätte ich auch gleich wissen können, dass das alles nur Schwachsinn ist.* Er stieß die Luft aus. *All das hier wäre nicht nötig gewesen! Stasi hat es richtig gemacht, als sie die Bibelseiten als Klopapier genommen hat! Und Papa hat recht, dass er nicht will, dass ich in der Bibel lese.*
Eine Dunkelheit, die viel finsterer war als die Nacht um ihn herum, griff nach ihm.
Aber was, wenn Mama beschließt, diesen Quatsch zu glauben? Dann werden sie sich garantiert scheiden lassen! Und dann? Ich kann mich doch nicht zerteilen ... Die Verzweiflung drohte ihn zu erdrücken.
„Tarek, bevor ich dir für die Nacht unser Sofa anbiete, möchte ich gern für dich beten", hörte er den Hausvater neben sich sagen.
Tareks Kopf schnellte nach oben.
„Manchmal sieht das Leben ziemlich trostlos aus, aber ich habe erlebt, dass Jesus Hoffnung geben kann."

Tarek starrte ihn an, völlig überrumpelt, fassungslos. *Herr Wiebe glaubt an Jesus?*
„Er kann auch dann noch helfen, wenn nichts mehr geht. Es ist nur ein Angebot, wenn du möchtest“, fügte der Hausvater an.
„Eigentlich hatte ich gerade beschlossen, dass Beten überhaupt nichts bringt.“

Mitschüler vermisst

Tarek war nicht in der Schule.
Er hat verschlafen, versuchte Mia sich zu beruhigen. Doch bis zur großen Pause war er immer noch nicht da.
„Weiß jemand, wo Tarek ist?“, fragte Frau Liebknecht. Schulterzucken, ratlose Blicke.
„Vielleicht ist er krank“, schlug Louis vor. Er grinste. „Vielleicht hat er sich bei Stasi angesteckt und hat die Montagskrankheit.“
Tarek schwänzt nicht einfach. Aber dass der Grund seiner Abwesenheit möglicherweise durchaus in eine ähnliche Richtung ging, wie Stasis häufiges Fehlen im Unterricht, war nicht auszuschließen. Mia wurde immer besorgter. Was sie am meisten beunruhigte, war die Tatsache, dass Frau Liebknecht nicht Bescheid wusste. Kranke minderjährige Schüler wurden von ihren Erziehungsberechtigten abgemeldet.
Ich werde nach der Schule bei ihm vorbeigehen und ihm die Hausaufgaben bringen. Doch im nächsten Moment dachte sie: *Aber was, wenn sein Vater mir die Tür aufmacht?*
Mia war an diesem Vormittag ziemlich unkonzentriert im Unterricht.
Bis zum Ende des Schultages hatte sie beschlossen, lieber erst noch abzuwarten. *Vielleicht gibt es eine ganz normale Erklärung dafür, dass er gefehlt hat und Frau Liebknecht nicht Bescheid weiß. Vielleicht war seine Mutter schon los zur Arbeit und wusste gar nicht, dass er krank ist. Oder die Sekretärin hat vergessen, die Info weiterzugeben. Bestimmt ist er morgen wieder in der Schule.*
Aber Tarek erschien ganze vier Tage nicht. Und Mia konnte noch nicht einmal Frau Liebknecht fragen, ob sie inzwischen Bescheid wusste, denn die Lehrerin fehlte selbst, weil sie krank wurde.
Wenn ich Stasi wäre, wäre ich mutig und würde heimlich ums Haus schleichen und ausspionieren, was bei Meisenbuschs los ist.

Da fiel ihr ein, dass Tabea gesagt hatte, dass mutig zu sein nicht hieß, die Dinge selbst in die Hand zu nehmen, sondern sich an geeigneter Stelle Hilfe zu holen.
An wen wendete man sich in so einem Fall am besten?
An Mama Oberfuchs!
Und so suchte Mia am Donnerstag ihre Ranger-Leiterin auf.
Tabea wusste tatsächlich Rat: Die Familienhilfe. Ein freundlicher Mitarbeiter notierte, was Mia erzählte, mit Datum und Uhrzeit und ihren Kontaktdaten.
„Können Sie bei ihm zu Hause mal nachgucken, ob alles in Ordnung ist?“, fragte Mia besorgt.
„Dazu kann ich dir keine Auskunft geben, aber ich verspreche dir, dass wir uns um die Angelegenheit kümmern. Und sollte dir noch irgendwas auffallen, kannst du dich jederzeit hier melden.“
„Danke, dass du mit mir da angerufen hast, Tabea“, sagte Mia, als sie aufgelegt hatte.
„Gern. Aber willst du nicht doch deinen Eltern davon erzählen? Wenn du schon so lange mit Tarek in einer Klasse bist, kennen deine Eltern seine doch sicher auch – zumindest ein bisschen.“
„Und wenn sie dann irgendwas Peinliches machen? Da anrufen oder so?“
„Vielleicht bringt deine Mutter dich auch einfach nur zu Tareks Haus und wartet im Auto, bis du wieder da bist“, schlug Tabea vor.
„Kannst du nicht mit mir dahin fahren?“
Doch diesmal verneinte die Ranger-Leiterin. „Ich glaube, es ist besser, du machst das mit deiner Mutter oder deinem Vater“, sagte sie freundlich, aber fest. „Versuch es einfach mal.“
Mia musste sich ziemlich überwinden, aber beim Abendessen erzählte sie schließlich davon.
„Das hört sich nicht gut an“, meinte ihr Vater nachdenklich.
„Du glaubst doch nicht im Ernst, dass Omar seinem Sohn etwas antun würde?“, fragte seine Frau. „Ich weiß noch, wie nett wir uns mit Tareks Eltern beim Grillabend letzten Sommer unterhalten haben.“
Mia berichtete von dem Telefonat mit der Familienhilfe.

„Du hast da angerufen? Einfach so?“, fragte ihre Mutter ungläubig.
„Ich hab vorher mit Tabea gesprochen. Sie hat gesagt, die wären die richtige Adresse für so was.“
Ihre Mutter schüttelte den Kopf. „Ich fasse es nicht!“
„Was denn?“, bekam Mia Unterstützung von ihrem Vater. „Diesmal hat Mia hat es doch genau richtig gemacht.“
„Warum hast du nicht zuerst mit mir darüber gesprochen?“, sagte ihre Mutter vorwurfsvoll.
„Nachdem du mich so abgefertigt hast, als ich dir von Stasi erzählt habe?“, gab Mia bissig zurück. „Du hast mich ja noch nicht mal ausreden lassen!“
Ihre Mutter sah sie einen Moment an. Dann atmete sie tief durch. „Du hast recht. Es tut mir leid, Mia. Es war nicht gut, wie ihr die Sache angegangen seid, aber es war auch nicht gut, wie ich reagiert habe.“ Sie streckte die Hand über den Tisch. „Bitte verzeih mir!“
Mia schlug ein. Erleichtert nickte sie. Sie war sehr froh, dass zwischen ihr und ihrer Mutter wieder alles okay war.
„Und, gibt es diesmal auch einen Plan?“, erkundigte sich ihr Vater.
„Bei dem kleinen Mädchen war es Stasis Plan“, stellte Mia klar.
„Ja, ich weiß, aber so, wie ich dich kenne, hast du doch bestimmt eine Idee, wie du ein bisschen was herausfinden könntest.“
„Ich hatte überlegt, zu Meisenbuschs zu gehen und Tarek die Hausaufgaben zu bringen. Aber ich habe Angst, dass sein Vater mir die Tür aufmacht.“
„Ich fahre dich hin und bleibe im Auto sitzen“, schlug ihre Mutter vor.
„Das würdest du machen?“, fragte Mia überrascht. „Und wenn Tarek mich reinbittet?“
„Dann kommst du eben und sagst Bescheid und ich warte solange, bis du wieder rauskommst.“
„Das hört sich doch nach einem guten Plan an“, meinte Mias Vater. „Lasst uns vorher zusammen beten, ja?“
„Das hört sich auch nach einem guten Plan an“, grinste Mia.

„Herr Jesus, du weißt, was bei Meisenbuschs los ist“, betete ihr Vater. „Bitte hilf dieser Familie, die Wahrheit über dich zu erkennen, gerade auch Tareks Vater, der so ablehnend ist. Wir bitten dich um deine Führung, wenn Mia Tarek jetzt die Hausaufgaben bringt, und dass etwas Gutes aus diesem Besuch entsteht. Amen.“
„Amen“, nickte Mia erleichtert. Sie war sehr froh, dass sie mit ihren Eltern über die Sache gesprochen hatte.
Und sie war sehr froh, dass es Tareks Mutter war und nicht sein Vater, der ihr die Tür öffnete.
„Hallo Mia“, lächelte Vera Meisenbusch überrascht. „Du wolltest Tarek sprechen?“
Auf einmal kam Mia sich schrecklich blöd vor. Aber jetzt war es zu spät „Äh, ja, ich habe die Hausaufgaben für ihn. Er war die ganze Woche nicht in der Schule ...“
„Komm rein. Ich hole ihn.“
„Ich muss kurz meiner Mutter Bescheid sagen. Sie sitzt im Auto.“ Hastig wandte Mia sich um.
„Sie kann auch gern reinkommen!“, rief Vera Meisenbusch ihr hinterher.
Mia wusste nicht, ob sie das gut fand, aber es spielte auch keine Rolle, denn ihre Mutter musste die Autotür halb geöffnet und die Einladung gehört haben. Jedenfalls stieg sie bereits aus, als Mia angeflitzt kam.
Kurz darauf betraten beide das Haus. Mias Mutter ging mit Vera Meisenbusch ins Wohnzimmer, Tarek nahm Mia mit in sein Zimmer.
Er ist gesund und munter und ich hab mich und alle anderen verrückt gemacht! Mia kam sich so blöd vor. „Ich, äh, ich ... also, du warst nicht in der Schule, und weil du doch von deinem Vater erzählt hattest ... also, ich dachte ... nicht, dass es dir schlecht geht oder so ...“, stotterte sie.
Tarek musterte ihr Gesicht. Dann lächelte er leicht. „Cool, dass du gekommen bist. Und wenn alles nach meiner Nase gegangen wäre, hättest du mich hier nicht angetroffen. Es ging mir wirklich schlecht. So schlecht, dass ich abgehauen bin ... Aber du hattest recht mit dem Beten ...“

Mit aufgerissenen Augen hörte Mia zu. *Ich hatte also richtig vermutet ...*
Als er schließlich fertig war, schüttelte sie staunend den Kopf. *Und dann sorgt Gott dafür, dass Tarek zur richtigen Zeit Herrn Wiebe in die Arme läuft ...*
„So, und du glaubst nicht, wen ich am nächsten Tag beim Frühstück traf: Stasi! Herta und Armin sind jetzt erstmal ihre Bereitschaftspflegeeltern, bis sie einen Platz in der Wohngruppe bekommt."
„Stasi ist im Freizeitheim?"
„Ich dachte auch erst, ich spinne."
„Und ... wie geht es ihr?", fragte Mia vorsichtig.
„Ich glaube, okay. Sie hat mir nicht erzählt, warum sie da ist. Muss sie ja auch nicht. Jedenfalls sind Armin und Herta echt in Ordnung. Und stell dir vor, morgens machen sie immer eine Andacht, wo sie zusammen in der Bibel lesen und beten."
Mia grinste. „Das ist cool!" Doch gleich darauf wurde sie wieder ernst. „Gut, dass dein Vater das nicht mitgekriegt hat ..."
„Es macht keinen Unterschied. Er liegt im Krankenhaus. In der Nacht, als ich abgehauen bin, hatte er einen Herzinfarkt. Also, bevor er wusste, dass ich weg bin."
Was für ein Glück!, durchfuhr es Mia, aber das sagte sie nicht. Stattdessen fragte sie: „Und ... wie geht es ihm?"
„Mama und ich waren heute Nachmittag kurz bei ihm. Entweder hat er vergessen, dass es mich nicht gibt, oder er hat sich verändert. Jedenfalls wollte er mich sehen."
„Wolltest du ihn denn auch sehen?", rutschte es Mia heraus.
Tarek zuckte die Schultern. „Erst nicht. Es war so schlimm, wie er mich komplett ignoriert hat die letzte Zeit. Aber dann bin ich doch rein."
„Ich weiß nicht, ob ich das an deiner Stelle geschafft hätte", meinte Mia zweifelnd. Ihr Blick fiel auf die Bibel auf Tareks Nachtschränkchen. „Jetzt kannst du wenigstens erstmal in Ruhe in der Bibel lesen, bis er wieder da ist."
„Ich werde auch danach weiter in der Bibel lesen. Und wenn mein Vater nicht die Kurve kriegt, kann er sich mit dem Ju-

gendamt auseinandersetzen. Meine Mutter meinte, sie würde sich das nicht länger mit angucken, was hier bei uns abging die letzten Wochen."
Mia nickte. „Echt gut, dass wir in einem Land leben, wo es offizielle Stellen gibt, an die man sich wenden kann."
„Ja, aber wirklich! Ich hätte nie gedacht, dass ich mal so was brauchen würde. Mindestens genauso dankbar bin ich dir, Mia."
„Mir?", fragte Mia stirnrunzelnd.
„Ja. Du hast mir die offiziellste Hilfe-Stelle gezeigt. Ich weiß jetzt, dass Gott mich wirklich hört."
Ohne dass sie es merkte, begann Mia zu strahlen. „Das ist megacool, Tarek!" *Es ist so mega-, mega-, megacool und am liebsten würde ich hier herumspringen vor Freude!* Stattdessen fragte sie: „Kommst du morgen wieder in die Schule?"
„Auf jeden Fall", grinste Tarek. „Wir haben schließlich Kunst."

Tarek stand ganz am Rand auf einer Klippe, unter sich das blaue Meer, auf dem die Sonnenstrahlen tanzten. Die glitzernde Tiefe war wie ein Lockruf. Mia winkte ihm aus dem Wasser fröhlich zu. Tarek warf einen Blick über die Schulter. Mit verschlossenem Gesicht und verschränkten Armen stand sein Vater in einigem Abstand hinter ihm. Aber Tarek hatte seine Entscheidung bereits getroffen.
Er machte einen Schritt nach vorne.

Zehn Jahre später

Mia Meisenbusch drückte die Glastür der Familienberatungsstelle auf. Eine Frau mittleren Alters hinter dem Tresen lächelte ihr zu.
„Wie kann ich Ihnen helfen?“, fragte sie freundlich.
„Ich glaube, eine Familie in meinem Bekanntenkreis braucht Unterstützung“, sagte Mia zögernd. Sie hatte lange überlegt, ob sie sich das alles nicht nur einbildete, aber Tarek hatte sie schließlich darin bestärkt, sich Hilfe zu holen.
„Und wenn du dich täuschst, umso besser. Aber die von der Familienhilfe haben Erfahrung in diesen Dingen und können deine Beobachtungen noch besser beurteilen.“
Und so hatte Mia sich ein Herz gefasst und einen Termin ausgemacht.
Die Sekretärin sah kurz auf ihren Bildschirm, dann griff sie nach dem Telefon. „Hast du Zeit? Frau Meisenbusch ist da. ... Ja, ist gut. Wir kommen schon mal in dein Büro.“ Sie legte auf und wandte sich an Mia: „Frau Werner ist gleich wieder da. Ich bringe Sie hin.“
Mia folgte ihr zu einer angelehnten Tür.
„Setzen Sie sich ruhig schon mal. Frau Werner kommt jeden Moment.“
Mia nahm Platz. Ihr Blick fiel auf ein eingerahmtes Bild auf dem Schreibtisch vor ihr. Es war das Foto eines Gipfelkreuzes mit einer fantastischen Fernsicht. Auf den Rahmen hatte jemand die Worte geschrieben:
„Ich gebe euch Zukunft und Hoffnung.“ – Gott

Danke ...

... Eckhardt, für das so wertvolle Interview und die Einblicke in eure Arbeit bei Family Point. Das war ein großes Geschenk für mich beim Schreiben dieses Buches.

... Diana, für dein Feedback zu dieser Geschichte – die Antwort auf mein Gebet.

... Mädels, für alles offene Erzählen und jede Inspiration. Diese Geschichte ist für euch und alle, die sich in irgendeiner Form darin wiederfinden.

... Christiane und Martin für eure Ermutigung.

... Lukas, für dein Lektorat. Erst sah es so aus, als ob ich diesmal auf deinen Scharfsinn verzichten müsste, aber dann hat Gott dafür gesorgt, dass du überraschend zu Hause warst und doch noch die „Kröten" im Manuskript mit mir herausfischen konntest.

... Kerstin, Katharina, Gesa und Claudia, für jedes Gebet für dieses Buch.

... Jesus, dass du mich wieder von Anfang bis Ende bei einem Thema, mit dem ich mich eigentlich nicht befassen wollte, begleitet und unterstützt hast.

Freudenberg, Esther

Unter der Laterne

Wie weit ist Deutschland von Syrien entfernt? Weit genug, um vor Hass und Gewalt in Sicherheit zu sein?
Josua macht sich über solche Dinge keine Gedanken. Solange er mit Soraya zusammen sein kann, ist seine Welt in Ordnung.
Doch das Böse hat viele Gesichter und auch der Nahe Osten ist näher als sie ahnen ...

Best.-Nr.: 644.137 | 302 S. | Taschenbuch | 13,5 x 20,5 cm | 9,95 €

Freudenberg, Esther

Noahs Gebet

Es ist gefährlich, das Vaterunser in der Schule zu beten!
Als Gretas Bruder Noah im Reli-Unterricht in der siebten Klasse das Vaterunser durchnimmt, ahnt keiner der beiden, welche Folgen das haben wird.
Eine spannende, herausfordernde und mutmachende Geschichte über ein uraltes Gebet, das bis heute nichts von seiner Bedeutung verloren hat.

Best.-Nr.: 644.194 | 112 S. | geb. Ausg. | 13,5 x 20,5 cm | 8,95 €